COMO COZINHAR UM LOBO

M.F.K. FISHER

Como cozinhar um lobo
(Como matar a fome em tempos de escassez)

Tradução
Pedro Maia Soares

Consultoria editorial
Nina Horta

COMPANHIA DE MESA

Copyright © 1942, 1954 by M.F.K. Fisher

Companhia de Mesa é um selo da Editora Schwarcz S.A.

Grafia atualizada segundo o Acordo Ortográfico da Língua Portuguesa de 1990, que entrou em vigor no Brasil em 2009.

Título original
How to Cook a Wolf

Capa
Elisa von Randow

Imagens de capa
Carolina Nogueira/ studio corolle (prato)
Vitaly Korovin/ Shutterstock (fundo de madeira)

Preparação
Márcia Copola

Revisão
Carmen T. S. Costa
Márcia Moura
Adriana Bairrada

Dados Internacionais de Catalogação na Publicação (CIP)
(Câmara Brasileira do Livro, SP, Brasil)

Fisher, M. F. K., 1908-1992
    Como cozinhar um lobo : (Como matar a fome em tempos de escassez) / M.F.K. Fisher ; tradução Pedro Maia Soares. — 1ª ed. — São Paulo : Companhia de Mesa, 2023.

    Título original: How to Cook a Wolf.
    ISBN 978-65-86384-20-8

    1. Culinária 2. Gastronomia. I. Título.

23-155344   CDD-641.013

Índice para catálogo sistemático:
1. Gastronomia   641.013

Eliane de Freitas Leite – Bibliotecária – CRB-8/8415

Todos os direitos desta edição reservados à
EDITORA SCHWARCZ S.A.
Rua Bandeira Paulista, 702, cj. 32
04532-002 — São Paulo — SP
Telefone: (11) 3707-3500
www.companhiadasletras.com.br
instagram.com/companhiademesa

Para Lawrence Paul

Sumário

Introdução à edição revista 11

Como ser sábio sem cicuta 17
Como capturar o lobo 25
Como distribuir sua virtude 29
Como ferver água 41
Como saudar a primavera 65
Como não ferver um ovo 73
Como se manter vivo 89
Como levantar como pão fresco 97
Como ficar bem-disposto embora faminto 107
Como trinchar o lobo 113
Como fazer um pombo gritar 143
Como rezar pela paz 155
Como ficar contente com um amor vegetal 169
Como fazer uma grande exibição 175
Como ter um pelo macio 183
Como se consolar no sofrimento 189

Como ser um homem sábio 205
Como seduzir o lobo 211
Como beber à saúde do lobo 219
Como não ser uma minhoca 229
Como praticar a verdadeira economia 239

Conclusão 249
Índice de receitas 251

Como cozinhar um lobo *foi publicado pela primeira vez em 1942, quando se vivia o pior momento da escassez dos tempos de guerra. A autora o revisou em 1951, tendo acrescentado inúmeras notas de rodapé e à margem, além de uma seção especial de receitas adicionais. Tudo isso foi agora incorporado ao texto nos locais apropriados e se encontra entre colchetes, tal como a "Introdução à edição revista", a seguir.*

OS EDITORES

Introdução à edição revista

[É difícil saber se é a guerra ou a paz que provoca as maiores mudanças em nosso vocabulário, tanto da língua como do espírito.

É certo, porém, que em menos de dez anos este livro sobre como viver o mais decentemente possível com cartões de racionamento, blecautes e outras misérias da Segunda Guerra Mundial adquiriu algumas características de originalidade. Em suma, tornou-se, nesse curto tempo, uma espécie de peça de museu. À sua maneira, é tão curioso quanto qualquer volume grosso com nervura dourada intitulado, há cem anos, em vez de nove ou dez, *Auxiliar e companheiro indispensável das senhoras — Um dos melhores sistemas de cozinha jamais publicados para irmã, mãe e esposa...*

Evidentemente, é difícil, apesar das mudanças óbvias em nossos problemas físicos desde a primeira publicação de *Como cozinhar um lobo*, em 1942, dizer de modo verdadeiro e exato quando estamos em guerra.

Agora estamos livres de cartões de racionamento (foi chocante ficar sabendo, outro dia, que depois de quase doze anos tinha acabado o racionamento de gasolina na Inglaterra. Quanto tempo! Tempo demais...): não mais fichas vermelhas e azuis, não mais selos frágeis para destacar ou não destacar.

Podemos comprar quanta cerveja, uísque e açúcar refinado nosso bolso permitir, tendo em vista o aumento de quase 100% no preço de tais prazeres gastronômicos.

Não precisamos nos preocupar, ao menos temporariamente, com guarda-louças básicos para blecautes... ao mesmo tempo que tentamos não pensar, ainda que de maneira superficial, com o quê, quando, como e onde alimentar os sobreviventes do próximo tipo de bomba.

Assim formulada, a defesa da Paz é débil.

Um aspecto menos enregelante do argumento em favor da Segunda Guerra é que, embora fosse um negócio de tiros, ensinou a nós, sobreviventes, muitas coisas sobre a vida cotidiana que nos são valiosas agora que se trata, no plano ético ao menos, de uma questão de armas frias e palavras quentes. (Uma semana depois de ter sido escrita, ou uma hora depois de impressa, essa afirmação cautelosa pode se tornar duplamente ridícula. Em algum momento são as armas frias?)

Suspeito terem sido pouquíssimos os homens e mulheres que cozinharam e fizeram compras durante a última guerra, que não perderam para sempre um pouco da extravagância fleumática dos anos 1920. Eles terão, até seu último dia sobre a terra, uma espécie de prudência culinária: manteiga, por mais ilimitada que seja, é uma substância preciosa que não deve ser desperdiçada; as carnes também, e os ovos, e todos os temperos do mundo que vêm de longe assumem um novo significado, tendo sido tão raros certa vez. E isso é bom, pois não há negligência mais vergonhosa do que aquela para com o alimento que comemos para viver. Quando existimos sem consideração ou agradecimento, não somos homens, mas bestas.

A guerra é um negócio bestial, é verdade, mas uma prova de que somos humanos é nossa capacidade de aprender, mesmo com ela, como viver melhor. Se este livro, escrito em tempo de guerra, ainda consegue ajudar a resolver esse problema inevitável, então creio que vale a pena lê-lo de novo, apesar de sua superficialidade graciosamente antiquada e de seu eventual humor sombrio não intencional.

É por isso que o aumentei, e de maneira copiosa. Nem todos os acréscimos são puramente práticos, claro. Mas mesmo o lobo, temporariamente domesticado, não pode viver só de pão.

(E é por isso que acrescentei ainda mais, introduzi sub-repticiamente outras receitas no livro. Algumas são irremediavelmente extravagantes — dezesseis ovos! —, outras são úteis, outras são engraçadas, e uma delas é de um pão que até mesmo um lobo usaria como sustento.

Essas receitas "extras" são regras culinárias para serem seguidas sem pensar no orçamento, nem mesmo com meia atenção para aquele nariz torcido farejando na porta. Eu sei, porque eu *sei*, que um cheiro gostoso de qualquer um desses pratos fará a besta acachapar-se e ir embora, numa espécie de embaraço extrassensorial e ultramoral.)]

M.F.K. F.

Há um ganir na soleira,
Há um arranhar no chão.
Ao trabalho! Ao trabalho!
Em nome dos céus!
O lobo está no portão!*

C. P. S. Gilman

---

* "There's a whining at the threshold,/ There's a scratching at the floor./ To work! To work! In Heaven's name!/ The wolf is at the door!" A metáfora "wolf at the door" significa que a fome está batendo à porta. Ao longo de todo o livro, a autora fará vários trocadilhos com essa expressão, sem equivalentes exatos em português. Assim, *lobo* refere-se quase sempre à "fome" (ou, eventualmente, ao sexo masculino). Em nosso idioma, diz-se de quem come com voracidade. "Come como um lobo". (N. T.)

Como ser sábio sem cicuta

> *Quantas vezes, ao encontrar um sábio*
> *Doce como Sócrates ou Platão,*
> *Dão-lhe cicuta em lugar de salário*
> *Ou assam-no como presunto ou pão!*
>
> Don Marquis, *Um olhar abrangente*

Apesar de toda a conversa e todo o estudo sobre nossos próximos anos, e todas as ponderações sobre o que eles reservam para nossos filhos [Por que apenas filhos? Desde que escrevi isso ganhei duas filhas e elas também dão forma às peças do jogo de armar e à minha crença!], parece claro para nós que muitas coisas estão erradas atualmente e podem ser, *devem* ser mudadas. Nossa crença é cheia de "furos". Faltam peças ao nosso jogo de armar.

Uma das falácias mais óbvias refere-se ao que devemos comer. Os homens sábios sabem desde sempre que uma nação vive do que o seu corpo assimila, bem como do que sua mente adquire como conhecimento. Então, quando a abominável necessidade da máquina da guerra engole aço, algodão e humanidade, nosso próprio mecanismo secreto, pessoal e privado deve ser mais forte, em benefício do conforto egoísta, assim como para o bem dos ideais nos quais acreditamos que acreditamos.

Uma das coisas mais estúpidas em uma escola de pensamento culinário é o mandamento de que cada uma das três refeições diárias deve ser "equilibrada". [Isso ainda acontece nos anúncios publicados em grandes revistas, mas parece haver cada vez menos insistência na vida real: pediatras e até ginecologistas admitem que a maioria dos corpos humanos escolhe suas próprias satisfações, as dietéticas e as outras.]

Em primeiro lugar, nem todas as pessoas querem ou precisam de três refeições por dia. Muitas delas se sentem melhor com duas, ou uma e meia, ou cinco.

Depois, e talvez mais importante, o "equilíbrio" é algo que depende inteiramente de cada indivíduo. Um homem, por causa da sua constituição química, pode precisar de muitas proteínas. Outro, mais nervoso talvez [ou mesmo mais sereno], pode considerar carnes, ovos e queijos um veneno, e tem de viver com a graça que conseguir encontrar em saladas e abobrinha cozida.

Evidentemente, onde incontáveis seres humanos são reunidos, como nos acampamentos militares, escolas ou prisões, é necessário atingir o que se chama com ironia de "meio-termo feliz". Nesse caso, o que mata o menor número com mais facilidade é o caminho escolhido.

E agora, na maioria dos casos, o meio-termo feliz, gastronomicamente, é conhecido como "dieta equilibrada".

Uma dieta equilibrada em quase todas as instituições bem-intencionadas é um plano de alimentação que significa que em cada uma das três refeições diárias o paciente recebe uma determinada quantidade de carboidratos, proteínas e amido, um certo número de Unidades Internacionais, uma certa porção de vitaminas em proporção correta a uma quantidade igualmente determinada de minerais, e assim por diante.

O que se resume* [um trocadilho infeliz embora acidental: o problema com quase todo o cozinhar é a fervura e a consequente carência de coragem gastronômica] a ter no café da manhã uma fruta ou um suco, cereal quente ou frio, ovos e carne de porco defumada segundo uma de quatro maneiras, pão ou torrada e café (ou chá, ou leite). No almoço, sopa, batatas, carne, dois legumes ou um e uma "salada", um pudim ou bolo de algum tipo, e chá, café ou leite. E no jantar, para continuar a mesma cantilena, você provavelmente come sopa de novo, carne de novo, ovos de novo, um legume de novo, e compota de frutas... e chá, café ou leite.

É evidente que essa triste lenga-lenga varia um pouco em cada instituição, mas pode ser considerada tanto uma prova de democracia quanto uma chocante cegueira humana, que é a mesma no Biltmore do Arizona ou no hospital de sua cidadezinha. [É claro, ostras ou caviar antes da sopa (*consommé double*); filé grelhado com *pâté de foie gras* em vez de ovos; uma pilha etérea de abobrinhas florentinas no lugar das respeitáveis ervilhas-com-cenouras de Old Watanooga... e *compote de fruits* em vez de ameixas em compota... e *ainda* se trata de uma refeição horrivelmente equilibrada!]

Uma das salvações daqueles com menos dinheiro neste mundo tem sido sempre, teoricamente, serem forçados a comer alimentos menos adulterados e desonestos que os ricos. Isso começa a parecer mentira. Em nossos esforços furiosos para provar que todos os homens nasceram iguais, estimulamos nossas rádios, nossos filmes, sobretudo nossas revistas semanais e mensais a estabelecer um ideal fantástico na mente das cozinheiras

---

* Em inglês, *boils down to*, que significa "resumir" e também "ferver, evaporar por fervura". (N. T.)

domésticas, de tal forma que por toda parte mulheres diligentes e ansiosas estão espremendo seus orçamentos e a si mesmas para proporcionar três refeições "equilibradas" por dia aos seus maridos e filhos.

É indiscutível que sabemos muito mais sobre nutrição correta do que sabíamos até poucos anos atrás. Mas estamos um pouco confusos com todos esses nomes empolgantes [riboflavina, glutamato monossódico, arsofini-barborundum..., todas coisas boas, quando usadas com um mínimo de não histeria...], e mais ainda com as exortações solenes dos "editores de comida" de todas as vistosas revistas que lemos para nos aperfeiçoar.

Queremos — não apenas porque nos mandam, mas porque sentimos instintivamente que está certo — dar a Mortimer III as vitaminas e os sais minerais que ele deve absorver para ser um belo e robusto pequeno Mortimer. Mas que corrida sem fim: mamadeiras, horários, pilhas de pratos, lambiscadas disso e daquilo três vezes a cada santo dia! E Mortimer III se rebela às vezes ("Ovos pochês *de novo*? Já comi isso *ontem!*"), e outras vezes é o estômago dele que se rebela, pois como se pode saber se suco de tomate e torrada não vão pintar o sete em determinadas entranhas?

Esse bicho-papão de alimentação equilibrada é difícil não somente para as vontades e desejos da grande família americana, como é inferno puro para o bolso. Encontram-se incontáveis páginas de aparência eficiente nas "revistas do lar" a cada mês, divididas em 28 quadrados com uma sugestão de cardápio para cada refeição da semana e depois um prato supostamente tentador para preparar a cada dia. O início da matéria em geral trombeteia: "Vamos economizar, mães! Vejam aqui como podem fazer isso desembolsando apenas 39 centavos por pessoa! Experimentem, e ajudem Tio Sam!". [Não hoje, é impossível! Se seguir o plano de refeições equilibradas, você não consegue! Nem mesmo se comprar no atacado e cozinhar para quinze pessoas de cada vez! Eu sei. Tentei isso. Fui a leilões de batatas desprezadas, de latas amassadas... Tudo o que consegui foi mais vermelho em meu orçamento e mais branco em meus cabelos.]

E então você começa a ler a velha rotina familiar: café da manhã, suco de frutas, cereal frio ou quente, ovos mexidos com bacon, torrada com manteiga, café, chá ou leite; almoço, sopa de tomate, bolinhos de carne, purê de batatas, vagem, salada Waldorf... mas para que continuar? É conhecida demais.

É também desanimadora. Agora, mais do que nunca, deveríamos pôr nossas cabeças e corações para funcionar a fim de sobreviver... de viver com graça, se é para viver afinal. E as pessoas mais esclarecidas continuam, tal como nossas mães, a nos dizer para continuar a fazer a mesma coisa, quando deveria ser óbvio para o mais idiota de nós que algo estava errado com aquele plano, pelo menos do ponto de vista gastronômico. [Pode não ter parecido errado *então*. Agora temos a poliomielite, admitamos. Mas há cinquenta anos os bebês morriam de diarreia de verão. Fizemos progressos.]

Não. Devemos mudar. Se as pessoas escolhidas para nos instruir não ajudam, devemos fazer isso nós mesmos. Devemos fazer nosso próprio balanceamento, de acordo com o que aprendemos e também, para variar um pouco, de acordo com o que *pensamos*.

Assumamos que Mortimer deve comer diariamente frutas, legumes, amido e talvez carne ou outra fonte de proteína. (Quase todos os bons nutricionistas lhe dirão que um plano alimentar "redondo" normal inclui todas as vitaminas necessárias sem que seja preciso recorrer a pílulas e elixires.) Assumamos também que Mortimer está em condições físicas médias. (Se não for assim, ele e você devem ser orientados por um médico, o qual poderá lhe dizer que elimine as frutas, ou mesmo o leite, durante algum tempo...)

Então, em vez de combinar um monte de pratos insossos e, às vezes, ativamente hostis numa rotina de refeições três vezes por dia, todos os dias, ano após ano, na sincera esperança de que está sendo uma boa provedora, tente este plano simples: *Equilibre o dia, não cada refeição do dia.* [Essa é uma nota de rodapé muito solene, e se eu pudesse, faria daqui a 108 anos e com confiança serena uma outra nota de rodapé para essa nota de rodapé. É verdade, e as coisas verdadeiras devem ser repetidas, talvez *ad nauseam*, porque toda verdade tem gosto de esnobismo, mas nunca a ponto de ficar ridícula.]

Tente isso. É fácil, simples, divertido e — talvez o mais importante — as pessoas gostam.

De início, os mais velhos, que foram condicionados durante muitos anos sem pensar, vão querer saber onde foram parar os quatro ou cinco pratos sem graça de cada jantar e levantarão a cabeça como macacos bem treinados depois do prato de carne, perguntando automaticamente, mas sem muito entusiasmo verdadeiro, que tipo de sobremesa terão *hoje*.

A melhor resposta para isso é ter caçarolas, tigelas e travessas cheias de comida boa, generosa, assim nem o apetite mais condicionado pedirá mais. O apetite sensual, o verdadeiro, já estará satisfeito.

Seu plano, diga a Mortimer, bem como aos outros que dependem de você para se alimentar, inclui uma refeição de amido, uma de legumes ou frutas e uma de carne. Naturalmente, há amplificações e refinamentos para cada uma delas [Há, com efeito, muitos: alguns seres humanos se atolam em carne demais ou farinhas demais, por exemplo. Essas peculiaridades devem evidentemente ser observadas por uma provedora dedicada.), mas, quanto ao principal, podem ser simplificadas dessa forma.

O café da manhã, portanto, pode ser torrada. Podem ser pilhas de torradas, com porções generosas de manteiga, um pote de mel ou geleia, leite para Mortimer e café para você. Pode ser exagerada, pois é uma refeição barata. Você pode ter prazer, porque não há correria com ovos fritos, pratos sujos, panelas engorduradas e um cheiro desagradável e persistente no ar.

Ou, nas manhãs frias, pode comer tudo a que tem direito em cereais quentes... não um pálido pábulo de trigo desfigurado, mas um saboroso mingau trigueiro com sabor de nozes. Experimente-o com xarope de bordo e manteiga derretida, em vez de açúcar e leite, para variar. Ou adicione algumas passas ou tâmaras picadas. É um prato robusto e melhor que qualquer mistura convencional de suco de tomate e torrada e isso e aquilo e aqueloutro, tanto fora como dentro de você.

Se quiser que Mortimer tome suco de frutas [Continuo a me espantar com a quantidade de gente que engole automaticamente um copo de suco fresco, sobretudo antes da inevitável dose matinal de café. Creio firmemente que essa combinação é veneno puro, segundo o equilíbrio químico daquele homem que, com vários milhões de outros, considera-o essencial.], você pode quase com certeza fazê-lo beber o suco no meio da manhã ou da tarde, quando este não entrará em guerra com as farinhas em seu organismo e lhe dará uma força sem adulterações e atropelos.

No almoço, faça uma salada enorme no verão, ou uma caçarola de legumes, ou uma sopa ampla e reconfortadora [... com chá quente para os mais velhos e leite à vontade para todos... e muita torrada com manteiga]. Isso é tudo o que você precisa, se houver o bastante.

E no jantar, se quiser manter-se solenemente fiel ao seu "dia equilibrado", faça um suflê de queijo e uma salada leve, ou, se estiver rica, um bife malpassado e um belo prato de tomates maduros fatiados e salpicados com ervas.

Isso, com vinho tinto, ou cerveja, se prefere [e um pão honesto, com ou sem manteiga, torrado ou não], e um bom café depois, é uma refeição que de início pode surpreender quem estiver com você pela simplicidade, mas que satisfará a fome e o senso de adequação e equilíbrio deles, tudo ao mesmo tempo. [Um estímulo digestivo desnecessário, porém muito interessante de vez em quando, é um bom e macio queijo fedorento, um Camembert ou Liederkranz, com o que restou do pão, do vinho, da fome.]

E mais tarde, quando eles começarem a pensar na extravagância automática da maioria de nossos menus e sobretudo na horrorosa e estúpida monotonia destes, também vão querer largar muitos de seus hábitos e, como você, passar a comer do jeito que *querem*, em vez de seguir o que os pais e avós lhes ensinaram. Ficarão mais ricos e saudáveis e, talvez, o melhor de tudo, o paladar deles acordará para novos prazeres, ou lembrará de antigos. Todas essas coisas são religiosamente desejáveis, em particular agora.

Como capturar o lobo

Uma economia criativa é o combustível da magnificência.

Ralph Waldo Emerson, *Aristocracia*

Certa vez, durante a última guerra ["A última guerra" significa algo diferente agora. Eu estava nos meus trinta anos quando escrevi isso, pensando em 1917 e arredores. Agora estou infinitamente e uma eternidade acima dos quarenta, e minha mente diz "próxima" com mais presteza que "última"...], quando o racionamento de açúcar e manteiga já durava tempo suficiente para deixar devidamente nervosas todas as jovens e diligentes donas de casa, minha avó estava sentada, tricotando e escutando um pequeno grupo delas discutir com orgulho peculiar suas variadas maneiras de fazer bolo com economia. Cada uma achava que sua descoberta era a melhor, evidentemente, e insistia que açúcar mascavo ou melaço com bicarbonato era muito melhor que açúcar branco, ou que se você usasse temperos suficientes poderia substituir a manteiga por toucinho, ou que ovos eram desnecessários.

Por fim, minha avó dobrou seu tricô e juntou as mãos, o que era incomum, pois ela acreditava que os dedos de uma verdadeira dama jamais deveriam ficar ociosos.

"A conversa de vocês é de fato muito interessante", disse, com sua secura habitual um pouco mais forte. [As pessoas me dizem que vovó não pode ter sido tão desagradável quanto eu sempre a represento. Somente um psiquiatra poderia saber...] "Ela me interessa especialmente, queridas, porque depois de escutá-la esta tarde percebo que, desde que me casei, há mais de cinquenta anos, tenho vivido sempre com um orçamento de guerra sem me dar conta! Não sabia que usar o senso comum na cozinha era moda apenas nas emergências."

A observação de minha avó não precisava ser expressa de modo tão sarcástico (pelo que ouvi dizer, ela achava que era um sinal de fraqueza não ser desagradável a maior parte do tempo), mas era provavelmente verdadeira naquela época... e é ainda mais apropriada agora. [Bem como *agora*, oito anos depois, no assim chamado Tempo de Paz!]

Todas as revistas fúteis do país estão repletas de anúncios de página inteira sugerindo que os americanos "tentem a nova emoção de cortes de carne mais econômicos", e os editores de economia doméstica das publicações femininas são quase incoerentes diante da descoberta excitante de que os dólares podem e devem comprar mais. As vitaminas são descritas e discutidas com entusiasmo ansioso — embora às vezes um tanto confuso —, e o velho ditado de que a Europa podia viver com o que jogamos fora ergue sua cabeça inane em cada editorial. [A palavra *inane* parece grosseira e cruel aqui, aplicada a uma verdade tão dolorosa. Em todo o mundo, grandes pilhas desperdiçadas de batatas, café, leitões e leite em pó tornam essa verdade mais vergonhosa, em nossa economia como em nossos corações.]

Em outras palavras, nem todas as mulheres são sensatas como minha avó... até que precisem sê-lo. Então, acredito, depois do primeiro borrifo de espanto impaciente, podem ser tão práticas quanto ela e, com certeza, bem menos desagradáveis em relação a isso.

É verdade que, quando o lobo prova pela primeira vez que realmente está à porta, você experimenta um sentimento definitivo de pânico. "Ao trabalho! Ao trabalho!"

Você conversa com suas amigas. Elas também estão tão desnorteadas quanto você, ou cansadas do que parecem ser esquemas forçados para viver com outros três casais que se deem bem e comprar toda a comida no depósito de lixo da cidade.

Você conversa com uma mulher mais velha, e geralmente ela lhe dá uma longa lista de receitas cheias de ovos e creme, coisas que dão alergia ao seu marido mesmo que você pudesse comprá--las, o que parece cada vez mais incerto.

Você lê artigos de revistas em que abundam tabelas complicadas e referências casuais a tiamina, riboflavina, elementos essenciais nutricionais não orgânicos e Unidades Internacionais. Você tenta levar tudo isso a sério, pega um dicionário e com um lápis preenche pelo menos a primeira semana de uma tabela mensal, fazendo pequenos círculos, triângulos e setas para sais minerais, vitaminas e coisas assim, até que descobre praticamente a mesma tabela numa revista concorrente e percebe que ela apenas trocou os símbolos. [Não acho que ainda ficamos entusiasmados com tais esquemas como antes. Isso talvez seja um mau sinal: pílulas e injeções não podem fazer *tudo*!]

Das trevas da falta de informação e do entusiasmo que toldam até mesmo os anúncios nos primeiros meses da guerra (uma página dupla usou as palavras *econômico* e *mais econômico* dezessete vezes, quase sem ar diante da descoberta!), e da monotonia dos artigos sobre como é divertido comprar menos comida e comida mais barata, deverá surgir um conhecimento melhor do poder de compra de cada dólar.

As mulheres que nunca pensaram, nem um pouco, em tais coisas vão descobrir que combustível e luz, mesmo que elas tenham dinheiro suficiente para pagá-los, podem ser escassos e impossíveis de armazenar, e depois da primeira irritação aprenderão a cozinhar bem e de maneira inteligente e econômica com muito pouco gás ou eletricidade. [A cerâmica e os artigos de cozinha de hoje, disponíveis em tempos de paz, são um investimento maravilhoso para a economia de guerra. Usados com inteligência, levam algo simples como cozinhar um ovo a custar a metade do que custaria com a utilização de um utensílio fino e mal projetado, ainda que um ovo de três minutos continue a demorar hoje praticamente o mesmo que em 1722.] As revistas dão muitas dicas sobre como economizar; outras pessoas também, minha avó, por exemplo, ou ainda, no fim das contas, seu próprio bom senso.

Tudo é uma questão de depurar o que você mais gosta de fazer, de tal maneira que possa viver de forma quase agradável em um mundo repleto de uma quantidade cada vez maior de surpresas desagradáveis. [Algumas delas são apenas engraçadas, como as latas vedadas com extremo cuidado, cheias de sólidos lácteos, gás de óxido nitroso e coisas do tipo, as quais espirram ora uma "cobertura de sobremesa" que apresenta uma vaga semelhança com chantili, quando manuseadas de modo correto, viradas para baixo, ora uma linda catástrofe social pela sala, quando utilizadas imprudentemente, viradas para cima.]

Como distribuir sua virtude

> *A economia é uma virtude distributiva, e consiste não em poupar, mas em selecionar.*
> Edmund Burke, *Cartas a um nobre senhor*, 1796

Quase todas as pessoas, sejam avós reais ou potenciais, praticaram alguma forma de economia em seus dias, mesmo que não fossem como minha avó, que fez economia a vida inteira. Às vezes, os sistemas delas afiguram-se esquisitos, depois que os dias magros passam e podem olhar para trás de uma perspectiva que é impossível quando o lobo parece realmente estar à porta.

Penso sobretudo em um homem, moderadamente famoso agora por dar palestras de peso para mentes de mais peso ainda (o tipo de palestra, e de mente, cheia de trocadilhos abstrusos em nove línguas, cinco das quais, pelo menos, mortas). [O melhor conferencista que conheci disse-me certa vez: "Nunca estrague uma boa história mantendo-se fiel à verdade". Isso talvez explique por que esta, essencialmente como aparece aqui, tenha sido lida em versões um pouco mais bordadas, por mim e por meus

vários amigos fiéis. O próprio famoso homem-das-palestras-de-
-peso, mais sábio, se não mais bem nutrido que em outros tempos, prefere *esta* versão.] Quando estava fazendo seu doutorado
numa pequena universidade francesa, descobriu as delícias um
tanto macabras de uma pobreza que poderia ser deprimente para
um homem mais velho e mais cansado, mas que era jubilosa e
excitante para ele.

Deixou de fazer a barba, porque jamais tinha água quente,
ou lâminas afiadas, ou sabão e, por fim, nem mesmo um espelho.
O resultado foi um belo barbudo do Velho Testamento, muito
talentoso.

Comprava alimentos no mercado às segundas e quintas,
depois que seu crédito acabara numa sucessão de pensões de
última categoria, e cozinhava em um fogão a gás de uma boca que
se encontrava, por algum motivo, na latrina externa de seus miseráveis aposentos.

Começou preparando pequenas refeições bastante caprichadas e organizadas. Mas lavar pratos sem água era um problema, e
ele passou a usar cada vez menos pratos. Ficou tentado a jogá-los
fora e simplesmente pescar coisas da panela com os dedos, mas
achou que um homem deve manter algumas barreiras que o sepa-
rem da selvageria e resolveu-se pelo meio-termo de um prato
grande de sopa e uma colher.

Durante várias semanas comeu assim, em solitária dignidade, tão contente consigo mesmo e com a boa vida em liberdade
que nunca percebeu quão feias, fedorentas e grosseiras eram sua
senhoria e sua habitação. [Um bom e honesto ensopado fica
melhor no dia seguinte, e melhor ainda no terceiro dia. Mas no
quarto, a menos que o tempo esteja frio e apropriado...]

Por fim, porém, a inércia e talvez um desejo de funciona-
lismo completo acabaram por dominá-lo, e ele percebeu que, em
vez de pedir e caçar água para seu único prato e sua única colher,

estava comendo o que quer que fosse neles e passando depois vários minutos lambendo-os devagar e meticulosamente, de tal maneira que brilhavam e cintilavam o máximo que o utensílio mais barato chega a brilhar e cintilar.

Agora, quando pressionado, ele diz que ficou vários minutos sentado na beira da cama e em seguida, com tranquilidade e uma certa tristeza, quebrou o prato polido havia tão pouco tempo, entortou a colher, fazendo um aro, foi ao *coiffeur* da esquina e mandou cortar a barba, e tomou emprestado dinheiro suficiente para voltar a ser pensionista e comer num restaurante moderadamente ruim. (Ele acrescenta também com alguma alegria que ficou doente como um cachorrinho depois da primeira refeição muito elaborada, após meses monotonamente saudáveis com seu ensopado espartano.) [Conheço um homem que matou outro com generosidade e excesso de comida substanciosa enfiada em um estômago faminto fazia muito tempo. Foi claramente um homicídio culposo e não um assassinato, pois ele jamais vira a vítima antes, nem ouvira falar dela.]

Talvez haja uma lição nessa história. Parece-se com uma lição. Pelo menos, prova que um homem, quando está sozinho, para sobreviver chega a fazer coisas que diante de outras pessoas poderiam parecer feias ou indignas. [Não consigo engolir um ovo cru diante de quem quer que seja, por mais que queira. Ou pelo menos é o que *penso*.]

Há muitas outras maneiras de economizar dinheiro, algumas delas registradas em livros de cozinha para que as pessoas as estudem, outras escondidas na mente daqueles que poderiam ter sentido mais fome sem elas. Agora que a guerra e seu trilhão de surpresas tristes rondam nossas mentes, é bom falar com outros seres humanos mais velhos sobre como fizeram em sua época para enganar o lobo.

Um deles vai lhe falar sobre caixas de feno. As caixas de feno são muito simples. Trata-se simplesmente de caixas de madeira reforçadas, uma dentro da outra com feno entre elas e, se possível, uma cobertura resistente de linóleo ou encerado por fora. Você pega qualquer alimento que queira ferver bem, coloca-o bem coberto sobre uma camada de feno na caixa interna, envolve-o todo com feno e fecha hermeticamente a caixa. Conte então duas vezes mais tempo do que seu ensopado, mingau ou legume levaria para cozinhar, abra a caixa de feno e a comida está pronta. É primitivo, mas é uma boa coisa para saber, se o problema for combustível.

Uma resposta mais moderna, e muito boa se você puder arcar com a despesa inicial, é a panela de pressão com um apito na tampa. Ela faz coisas quase milagrosas: vagens ficam prontas em três minutos, um bife de panela fica macio, suculento e saboroso em um pouco mais de tempo, e assim por diante. Ela reduz o tempo de cocção a um mínimo quase entediante... que, evidentemente, vale a pena se você está racionando gás ou trabalhando numa fábrica de munição, sem tempo nem inclinação para os prazeres da cozinha.

Outro economista amador lhe falará das inúmeras maneiras de fazer o pouco parecer muito. A maioria delas soa a desonestidade, mas na prática são dignas de confiança, se não admiráveis esteticamente. Por exemplo, você pode levar ovos mexidos a "render mais" adicionando migalhas de pão quando estão um pouco depois da metade do cozimento e, na verdade, se você usar migalhas decentes [digamos, de pão feito em casa ou de um honrado pumpernickel], os ovos adquirem de fato um sabor muito bom e uma bela textura. Ou em um suflê, acrescente 1 xícara de cereal matinal para cada 3 ovos separados e você terá comida para quatro pessoas [... três das quais ao menos, sinto-me obrigada a dizer, você detesta e espera nunca mais ver de novo].

Outro truque é cortar o consumo de açúcar pela metade ao preparar geleias e conservas, misturando 1 xícara de açúcar a 2 de fruta e a quantidade certa de água, e depois acrescentando ½ colher (chá) de bicarbonato de sódio. Nunca fiz isso, mas donas de casa fervorosas que atravessaram a última guerra na Inglaterra e nos Estados Unidos juram que funciona e, evidentemente, diminui a utilização dos cartões de racionamento de açúcar. [Outra maneira é agora quase universal: pectina. Eu a odeio. Juro que consigo sempre detectá-la pela aparência feia, sólida, fosca e granulada de qualquer coisa que a contenha. Prefiro comer 1 colher de geleia feita com fruta e açúcar a dezenas da outra coisa. Ou talvez vice-versa.]

Quanto à manteiga e às outras gorduras, sempre pensei que deveria preferir muito pouco do melhor a muito de um tipo inferior. Porém, há várias famílias que estão acostumadas a uma grande quantidade de frituras e que acham difícil abrir mão delas. Há diversos substitutos de boa reputação, não somente para a manteiga, mas para os substitutos da manteiga! [Dizem que os cientistas estão desenvolvendo um novo óleo para saladas e cozinha feito de casca de grapefruit.]

Se você usar óleo ou banha para frituras, nunca deixe que solte muita fumaça, mas use quando estiver azulado e imóvel na superfície. Se você come muito bacon, guarde a gordura sempre num recipiente de metal, deitando água sobre ela. As partículas queimadas afundarão na água e a gordura subirá quando esfriar, e ficará fácil pegá-la e colocá-la em outro recipiente. Essa gordura deve ser mantida em local escuro e fresco, do mesmo modo que o azeite de oliva que você tem a sorte de possuir, e nunca numa geladeira.

Falemos de sua geladeira. (É mais fácil supor que você ainda possui uma e que ela funciona, não tendo se tornado um anexo da Luz Vermelha local, transbordando de plasma sanguíneo.) [Esse é um dos lembretes teimosamente frios de que a guerra atual é, ou pelo menos é o que todos me dizem, *fria*...] Quanto à sua geladeira, então, há várias maneiras de usá-la com bastante inteligência.

É claro que mantê-la limpa elimina restos de comida estragada e degelá-la periodicamente leva-a a usar menos combustível, se se trata de um aparelho automático. Nunca guarde carne e outros alimentos nas embalagens em que vêm acondicionados; elas exigem mais frio e não são boas. O mesmo é quase verdade para a manteiga, que deve ser tirada do pacote, mas deve permanecer com a proteção fina de papel ou ser colocada em pratinho coberto. Os legumes têm que ser sempre lavados, e deve-se tirar o miolo branco da alface e de outras verduras. Cebolinha e temperos resistentes como salsa podem ser mantidos frescos e picantes por longo tempo se forem lavados, secos e guardados em frascos bem fechados; dá uma sensação boa saber que estão ali, prontos para você usar sempre que precisar deles (o que acontecerá mais vezes do que você imagina, assim que adquirir o hábito).

Se você faz arroz ou macarrão com frequência, pode evitar que transbordem e ao mesmo tempo estabelecer os alicerces para uma sopa decente, adicionando 1 colher (chá) de manteiga, banha ou óleo. ["Agora que a guerra acabou, ah-ah", eu acrescentaria cerca de três vezes mais essa quantidade de gordura na panela.] Depois de coar o que está cozinhando, reserve a água e cozinhe-a novamente com 1 cebola pequena, um pouco de caldo de carne, se tiver, ou 2 cubos de *bouillon*, e você terá um consomê nutritivo que não envergonharia ninguém.

Ao preparar coisas como arroz, batatas, espaguete ou qualquer massa, cozinhe o suficiente para duas refeições. Gasta-se quase a mesma coisa em consumo de calor, e você fica com a comida pronta para esquentar de vários modos e servir de novo, poucos dias depois. [Ah, pudim de arroz, arroz com passas! Ah, espaguete assado com mel e lascas de amêndoas num prato amanteigado! Ah, batatas de qualquer maneira, mas talvez especialmente misturadas com ovos e queijo e fritas! Ah.] (O mesmo vale para quase tudo; a maioria dos legumes, por exemplo, fica deliciosa fria em saladas, sobretudo se você não pôs manteiga neles.)

Mais ou menos, essa regra simples mas surpreendentemente pouco seguida é verdadeira no uso do forno: tente preencher cada centímetro dele. Mesmo que não queira maçãs assadas no jantar, ponha uma fôrma de maçãs com o que estiver assando entre 120°C e 200°C. Ficarão melhores se assadas lentamente; no entanto, desde que suas cascas não queimem, podem ser cozidas mais rápido. São em si mesmas uma boa refeição, com creme, se você tiver, ou leite aquecido com um pouco de canela e noz-moscada, torradas com manteiga e chá.

Outra coisa que dá para fazer quando o forno está ligado é colocar nele uma fôrma com fatias finas de pão velho demais para comer. Elas se transformam em boas torradas Melba, se você atentar para que não escureçam demais. Se quiser, pode mergulhá-las antes em água ou leite aguado com um pouco de açúcar, ou até um pouco de sal e pimenta, para fazer *zwieback,* que fica muito bom com sopa ou chá. [Esses truques banais parecem mais insignificantes ainda quando o gás flui pelas tubulações, a lenha está disponível e a eletricidade aparece com um aperto de botões. Mas em cada um deles há uma reflexão básica, uma busca do miolo na noz, a mordida num pão honesto, o sabor lento numa maçã assada. É nessa reflexão que precisamos nos fixar, na paz ou na guerra, se quisermos continuar comendo para viver.]

Ou você pode assar algumas nozes com casca e comê-las enquanto estão quentes, com maçãs frescas e um cálice de vinho do Porto, se possível, para ter uma das sobremesas mais conducentes à boa conversação neste mundo.

Enquanto esses vários atalhos para a economia estão fervendo e fumegando em seu calor emprestado, você pode estar assando um grande quarto de carne, que pode parecer incrivelmente caro quando você paga por ele, mas que durará muito tempo se sua família é de tamanho normal e tem apetite também normal. Podem-se assar batatas na mesma fôrma, cerca de uma hora antes de a carne ficar pronta, e se a casca delas for untada e furada depois de retiradas do forno, não ficarão encharcadas e poderão ser usadas mesmo frias, se forem batatas boas, numa caçarola ou numa salada.

Ou você pode fazer o que os economistas domésticos adoram chamar de "refeição de um prato", "jantar coordenado", ou de maneira menos requintada, uma caçarola. Isso, se for inteligentemente planejado e temperado, pode ser delicioso (e deixará belos alicerces para a refeição do dia seguinte, a não ser que já esteja usando os de ontem).

Por exemplo, faça uma Fatia de Presunto ao Forno. [Essa receita, observo oito anos depois, está claramente documentada na página 126. Meu principal comentário sobre o prato é monótono: gosto dele. Minha principal mudança seria usar sidra ou vinho branco em vez de 1 xícara de água. E qualquer idiota da cozinha saberia o suficiente para descaroçar as maçãs.] Pegue um pouco mais de carne do que você pretende usar no jantar, porque fica ótimo no dia seguinte cortado em cubos numa caçarola de macarrão e queijo, ou numa omelete, ou do jeito que você quiser.

Uma salada verde vai bem com isso, e cerveja leve ou vinho branco bem seco. De sobremesa, se você quiser uma, nada pode ser melhor complemento ao sabor do presunto e das maçãs do que pão de especiarias quente, do tipo escuro, que salta praticamente pronto de uma caixa de papelão e da sombra graciosa de Mary Ball Washington [diz no anúncio], ou pode ficar um pouco melhor e um pouco mais barato com uma receita de confiança de minha mãe, chamada Pão de Especiarias de Edith. A receita está na página 197. [Uma rápida porém séria olhada para a frente confirma minha crença de que essa é a melhor receita de pão de especiarias jamais inventada. Adeus, sombra graciosamente empacotada de Mary Ball Washington!]

Um pouco de xerez derramado sobre o pão enquanto está quente torna-o ainda melhor, se você planeja comê-lo todo de uma vez, com manteiga doce, se possível. Senão, um simples molho de vinho ou um molho de manteiga e açúcar.

Se sobrar um pouco de pão, é quase melhor frio do que quente. Quando fica velho (embora eu nunca tenha sabido de algum que durou tanto tempo), é delicioso cortado e torrado, na hora do chá. [Chá? Quem toma chá ainda? Era uma coisa que as pessoas costumavam fazer: o ritual gentil, a cerimônia delicada. Para mim, significava uma discreta comilança adolescente de bolos e biscoitos, perto de meus treze anos, enquanto as pessoas mais velhas e sábias davam pequenos goles ao lado. Agora? Agora eu não conseguiria encarar um pãozinho de açafrão ou um bolo saturado de frutas secas... e o chá me deixa embriagada.]

E o presunto que sobrar, se você não gosta de macarrão e queijo, no dia seguinte pode cortar em cubos e pôr numa caçarola com talharim cozido e uma lata pequena de cogumelos, dourados na gordura. Tempere com sal e pimenta moída na hora e aqueça bem (*ramequins* pequenos gastam menos calor que uma caçarola grande). Isso compõe outra "refeição de um prato", com salada, queijo e café.

Enquanto o presunto está assando, você pode colocar no forno batatas-doces e uma fôrma de maçãs ou outro bolo, ou algo que precise de um forno moderadamente lento. Depois de cerca de dois dias, pode fazer uma sobremesa vigorosa como pudim de batata-doce.

Ou amasse e tempere as batatas-doces descascadas, ponha numa fôrma rasa untada e cubra com pequenas linguiças já fervidas em água pura. Deixe em forno quente até que as linguiças estejam plenamente cozidas e tostadas, o que leva pelo menos vinte minutos.

Um bolo surpreendentemente bom, do qual gostei tanto durante a última guerra que sonhava com ele à noite, e que experimentei com as crianças desta guerra, tendo obtido quase os mesmos resultados, pode ser batido e posto no forno com o presunto e o que mais você esteja preparando para a semana seguinte. Chama-se Bolo de Guerra, por falta de um nome mais ameno, e é um pão preto úmido, um tanto grosseiro, que dura e custa pouco. [Parece que eu disse pelo menos duas vezes neste livro que sonhava com o Bolo de Guerra à noite. Ao reler a página 193, fico inclinada a sugerir um toque de indigestão e trocar *sonho* por *pesadelo*. O problema é que sei que a receita é excelente.]

Cortado em fatias finas, com um copo de leite, resulta num lanche agradável. Ou pode ser fatiado e torrado, regado com xerez e servido quente com molho de vinho para compor uma boa sobremesa, quando parecer que ultrapassou levemente seu melhor ponto. [Exemplo maravilhoso de eufemismo! Na realidade, deveria dizer: "Quando o bolo está enrugado, duro e aparentemente imprestável".]

O passatempo interessante e lucrativo de ver quantas coisas você pode assar ao mesmo tempo no forno é quase tão bom quando aplicado à parte de cima do fogão, especialmente se você tem um fogão a vapor ou um panelão de ferro com tampa. Então você pode cozinhar vários legumes ao mesmo tempo, ou de maneira menos econômica, mas ainda com bastante quantidade de bom senso, cozê-los separadamente, um depois do outro, usando a mesma panela e o mesmo vapor, de tal modo que no final você tem várias coisas prontas para reaquecer durante a semana e um belo caldo que fará maravilhas com qualquer prato que peça caldo, ou mesmo água pura.

É melhor mantê-lo numa garrafa velha de gim na geladeira, junto com outra garrafa velha de gim cheia dos sucos que sobram de frutas enlatadas. Você pode acrescentar o que restou do suco de tomate matinal. Pode espremer as últimas gotas do limão da limonada quente que toma antes do desjejum, se é que ainda faz isso. Pode pôr sucos de legumes enlatados nela. Pode fazer uma infusão de talos de salsa e pôr o suco na garrafa. Em outras palavras, nunca jogue fora nenhum vegetal, suas folhas ou sucos, a não ser que estejam estragados; se jogar, considere-se um tolo. [Com certeza!]

Se mantiver sua garrafa velha de gim refrigerada e razoavelmente em uso, ela não se estraga e constitui uma bela ajuda em tempos difíceis, um verdadeiro tesouro de vitaminas e sais minerais que de outro modo teriam ido pelo ralo. [Com *toda a* certeza!]

Às vezes, experimente um copo cheio do caldo que guardou, não importa de que legume, feito em casa ou enlatado, diluído, se quiser, com suco de tomate ou limão e temperado. Isso a fará se sentir surpreendentemente cheia de energia — quase humana, de fato [... uma condição que se deve buscar com devoção, tendo em vista nosso estado básico].

Todos os legumes, cozidos no vapor ou não, devem ser feitos o mais rápido possível, e em pouca água. Dessa maneira, ao menos 50% dos minerais permanecem na água. Devem ser coados em seguida e preparados para servir ou esfriados e guardados na geladeira. Se forem reservados para depois, devem ficar pouco cozidos em vez de macios, pois, quando reaquecidos, estarão no ponto; e, evidentemente, não devem ser temperados e amanteigados antes de ser usados, exceto pelas ervas que podem ter sido cozidas com eles. [Sei um pouco mais agora e dificilmente cozinharia ervas com legumes que pensasse em usar outro dia. Só as acrescentaria no dia em que fosse consumi-los.]

Os legumes e verduras cozidos para saladas devem sempre ficar crocantes, como aquelas bandejas de abobrinhas, vagens e couves-flores das trattorias de Veneza, na época em que os italianos podiam comer corretamente. Você podia escolher as coisas que queria: havia batatas pequeninas com casca, lembra?, e alcachofras fervidas em azeite de oliva, do tamanho de um polegar, e muito mais macias... e depois o garçom as punha todas numa tigela branca feia, jogava um pouco de azeite e vinagre em cima e você tinha uma salada tão fresca e tônica para todos os seus sentidos quanto La Primavera. Ainda pode ser feita, mas jamais na mesma atmosfera tifoide e arrebatadora. Ainda é possível encontrar legumes frescos, cozinhá-los pouco, gelá-los e comê-los numa tigela. [Por que não fazemos isso com mais frequência, por mais tempo que leve? Estou cansada de "saladas verdes", não importam suas sutilezas de sabor. Quero uma salada de uma dúzia de pequenos legumes: róseas batatas com casca, pontas de aspargos, ervilhas, vagens de cinco centímetros de comprimento e delgadas como cabelos grossos... Quero-os cozidos, um de cada vez, perfeitamente. Quero-os temperados, todos juntos, com um discreto véu de azeite e condimentos. Por que não? O que pode impedir isso em tempo de paz? Estamos ocupados demais em ser pacíficos para essa brincadeira?]

Você ainda pode viver com graça e sabedoria, graças, em parte, às muitas pessoas que escrevem sobre como fazê-lo e talvez falem excessivamente sobre riboflavina e economia, e em parte ao seu próprio senso inato do que deve fazer com os recursos que tem para evitar que o lobo fareje demasiado faminto pelo buraco da fechadura.

Como ferver água

"Aqui, senhora", digo eu, "como se chama isso?"
"Sopa, senhor", diz ela. "Sopa? Sopa? Raios que
me partam!", digo eu, polidamente. "É nisso
que venho navegando há cinquenta anos?"
Henry Trewelyan, *Os ditos apimentados*
de um velho bem temperado, 1869

1

Havia uma figura semiapócrifa em minha infância que não conseguia nem ferver água. Esqueci quem era ela: uma moça do Sul, creio, que foi colega de minha mãe numa escola de aperfeiçoamento e preparo para vida social da Virgínia.

"Ah, ela não conseguia nem ferver água!", costumava dizer minha mãe, com um discreto sorriso de desdém e atirando a cabeça para trás, num misto de desprezo e inveja. Depois, acrescentava: "... antes de casar!".

Durante muito tempo acreditei que as primeiras pontadas da felicidade matrimonial traziam com elas uma nova sabedoria, uma espécie de conhecimento místico que entrava junto com a aliança em todos os dedos da noiva, de tal maneira que por fim, de repente e completamente, ela sabia como ferver água.

Agora, creio no oposto. Agora, creio que poucas mulheres, sulistas ou não, até virgens ou não, chegam a perceber os limites vastos de pôr água na panela e fervê-la. Quando é que a água está fervendo? Quando, na verdade, a água é água?

Água é água, o dicionário diz, quando é um líquido incolor, inodoro e transparente, consistindo em dois volumes de hidrogênio para um de oxigênio. Pode também ser chuva, mar, ou um brilho de diamantes. A água a que me refiro, porém, a água que a donzela sulista não conseguia ferver, é a clara e boa água que sai de uma torneira ou, se você tem sorte, de um poço ou de uma fonte. É a melhor para cozinhar lobos.

E quando é que a água está fervendo? Pode-se dizer, e poucas pessoas irão discordar, que a água ferve quando é aquecida a 100°C. De minha parte, diria que quando borbulha com bolhas grandes e enérgicas, parece prestes a saltar da chaleira, faz um barulho de pedregulho em vez de chiar e solta um bocado de vapor, a água está fervendo. [Uma amiga minha, que cresceu ao lado de um samovar, tem um único modo de descrever a água apropriada para o chá: "Uma fervura *maluca*". Da mesma maneira vigorosa, ela jamais diz que um pãozinho ou uma torrada deve estar quente. Eles devem estar "quente-quente-*quente!*". Isso é dito como o som mais próximo possível de uma única sílaba de excitação intensa, por mais insosso que seja o pão.]

A essa altura, cheia de som e de fúria, ela está pronta para ser usada, desde que, é claro, tenha sido preparada numa vasilha limpa, com algum propósito distinto daquele puramente científico de descobrir quando irá ferver. A maioria das pessoas, sejam ou não casadas e, portanto, prescientes, como eu outrora achava que seriam pelo menos em relação à água, não sabem que existe um momento em que ela está *au point* e que no resto do tempo ela está passada demais, tanto quanto um filé ou um crêpe suzette.

A velha e graciosa história da chaleira fervendo o dia inteiro no fogão, esperando para se transformar numa deliciosa xícara de chá, é bastante perturbadora para qualquer um que se preocupe muito com que seu chá seja feito com água esperta, em vez de um líquido que, apesar da semelhança com a definição do dicionário, é choco, exausto, insípido — em outras palavras, fervido demais. [A altitude muda o som, além da velocidade, da fervura. Parece ser mais barulhento, lá em cima.]

É seguro dizer que quando ferve, como certamente irá ferver desde que haja calor suficiente embaixo, a água está pronta. Então, nesse momento e em nenhum outro, derrame-a no bule, ou sobre ou em volta daquilo para que ela se destina. Se não puder usá-la nesse momento, apague o fogo e comece de novo quando você estiver pronta para usá-la; fará menos mal para você esperar do que para a água ferver demais.

E agora, independentemente de sua virgindade ou ausência dela, considere-se capaz de ferver água. Ninguém jamais sacudirá a cabeça quando falar de você, como minha mãe ainda faz ocasionalmente quando fala da moça sulista; ou se cabeças se sacudirem de vez em quando, pelo menos você saberá que não é porque seu chá foi feito com uma mistura passada de hidrogênio e oxigênio.

2

A progressão natural de água fervente para água fervente com alguma coisa dentro dificilmente pode ser evitada e, na maioria dos casos, deve ser desejada com entusiasmo. Enquanto dieta constante, a água pura tende a ser alimento insuficiente, e mesmo os santos, dos quais há um número inesperado nos dias de hoje, concordarão de bom grado que algumas ervas e talvez 1 cenoura ou 2 e, quem sabe, um pouco de osso magro em dias de festa podem melhorar muito o sabor um tanto monótono do líquido quente.

Sopa, em outras palavras, é uma coisa boa. [Na verdade, a sopa ocupa um lugar melhor ainda em minha gastronomia do que há nove anos. Isso se deve, em parte, ao fato de eu estar mais velha. Um caldo bom e quente é mais bem recebido agora e o será mais ainda daqui a outra década... ou duas ou três!]

Trata-se provavelmente do mais antigo alimento cozido do mundo, depois da carne assada (apesar da opinião do grande maître Escoffier de que "os líquidos nutritivos conhecidos sob o nome de Sopas são de origem comparativamente recente e tal como servidos agora não datam de antes dos primeiros anos do século xix").

É melhor não especular sobre a maneira como foi descoberta, deixando isso para roteiristas de rádio e gente que tenta despertar o interesse das crianças pela Idade da Pedra. Seu inevitável progresso de um caldeirão com um osso aguado dentro para Potage à la Reine e Crème Vichysoisse pode ser lido em 40 mil livros de culinária, a maioria ruim. [A essa altura, deve haver 50 mil, a maioria ainda ruim, ou pelo menos chata. Pode-se dizer com segurança que nos últimos oito anos não mais que oito livros de culinária realmente importantes foram publicados nos Estados Unidos... e que, desses, não mais que um é *essencial*. (De início, eu escrevera *nenhum*.)]

"Certas regras fundamentais devem ser cuidadosamente assimiladas antes que se possam aprender todos os requisitos para fazer um caldo de sopa deveras excelente", escreve um astrônomo, e depois prossegue apresentando um bom, embora elaborado, ritual. O melhor desses é talvez o de Sheila Hibben, em seu

Kitchen Manual; o resultado é tão claro, rico e reconfortante quanto sua prosa, e digno de ser estudado por quem busque um conhecimento ao menos superficial da *haute cuisine*. É bem triste que procedimentos clássicos como os dela, da sra. Mooddy e de Escoffier para fazer o caldo básico se tornem cada vez mais material de leitura escapista, em proporção direta à possibilidade de segui-los em nossas cozinhas pequenas e horas apressadas.

Outro inconveniente disso — provavelmente o mais importante para gente que está meditando sobre como cozinhar o lobo que fareja à porta toda noite por volta de meia-noite e meia [Meu próprio lobo, que já é quase um membro da família, fareja hoje em dia com mais força às quatro da manhã. A mudança de hora é atribuída variadamente à tensão da vida moderna, economia de luz e mudança glandular (minha, não dele). Ainda parece faminto.] — é que, ao tirar um dia de folga, reunir os ingredientes necessários e usar combustível suficiente para assá-los na panela, cozinhá-los em fogo brando, fervê-los e clarificá-los de maneira adequada, você acaba gastando uma boa parte de seu orçamento semanal para alimentação. O resultado é bom, mas a humanidade não deve viver só de consomê, e se você fizer o caldo como mandam, pouco dinheiro sobrará para o resto.

Muita informação incorreta tem sido transmitida ao longo dos séculos a respeito da sopa deliciosa que descansa durante anos sobre uma das bocas traseiras dos fogões franceses. Supõe-se que seja como fermento à moda antiga, sempre se renovando e, contudo, sempre tendo origem no fermento original, de tal modo que um osso de galinha ali jogado na última Páscoa pode ter desaparecido há muito tempo, mas ainda empresta sua aura aromática à infusão atual.

Não gosto dessa ficção e prefiro não acreditar nela. Acho que a panela de sopa deve ser renovada de vez em quando, tal como a cabeça das pessoas no Ano-Novo. Deve ser esvaziada, esfregada e reiniciada, com água limpa, algumas pimentas em grão, as sobras do dia anterior e os ossos, as folhas de alface, as torradas frias e coisas do tipo, de hoje. Posta para cozinhar na parte de trás do fogão, com uma mexida ocasional pode constituir uma bela matéria-prima para molhos, bem como um caldo confortador.

E...

No campo, ou onde quer que se encontre uma cozinha grande com o fogão sempre aceso, elas são econômicas. De outro modo, são descabidas e superadas, e farão a conta de combustível subir e os apartamentos cheirar mal.

As pessoas que trabalham em escritórios ou na Cruz Vermelha devem se contentar com o conforto nostálgico que possam obter apenas da leitura de Escoffier, Hibben e outros, e resignar-se (sem muita dificuldade, espero!) a uma sopa como a seguinte, que custa pouco, leva menos tempo ainda para ser feita e tem variações infinitas, segundo o estoque de legumes e verduras.

CONSOMÊ CHINÊS

- 2 xícaras de consomê de carne ou galinha (1 lata) ou suco de hortaliça guardado de cozimento
- 2 xícaras (1 lata) de suco de tomate
- 1 talo de aipo cortado bem fino
- ½ xícara de vinho branco seco (ou o sumo de ½ limão)
- 1 cebolinha verde cortada bem fino e/ou fatias bem finas de qualquer hortaliça que se tenha em casa, como abobrinha, pepino, rabanete etc.
- 1 colher de manteiga ou azeite de oliva

Aqueça o consomê e o suco de tomate. Ponha todo o resto numa caçarola ou terrina, derrame a sopa sobre a mistura e sirva imediatamente. Os círculos e meias-luas quase transparentes das verduras cruas flutuam na superfície da sopa e com o vinho oferecem um sabor delicado que raramente precisa de tempero.

Esse consomê, apesar de não precisar nem de caldo de carne, é muito estimulante, além de lindo de olhar, e jamais se poderia descartá-lo por ser ralo, como fez Abraham Lincoln com uma "sopa homeopática que foi feita fervendo-se a sombra de um pombo que morrera de fome". Trata-se de um primeiro prato apetitoso; seguido de torradas com manteiga, e talvez maçãs assadas e creme, compõe uma ceia simples e agradável.

Outro bom consomê rápido é uma variante da sopa de cebola, de saudosa memória, que você costumava tomar de manhã cedo no Les Halles, depois de ver descarregar os últimos vagões de cenourinhas e lustrosas cebolas redondas. (Era você, ou outra pessoa que você lembra de ter encontrado certa vez em um sonho... um longo e pacífico sonho, mas também belo e excitante.)

[Houve apenas uma sopa de cebola de que não consegui gostar, um purê grosso, substancioso, empanturrante, tostado mas não o suficiente, servido para intransigentes como eu em bailes de segunda categoria na Suíça francesa. Eram, de fato, eventos em benefício de tudo, de *yodelers* com laringite a caçadores de edelvais necessitados, sempre em belos e empoeirados cassinos abandonados e velhos, sempre com bom champanhe e bandas de *jazz-hot* de Paris. Eu era uma habituée. Mas não suportava a sopa da madrugada...

Todas as outras receitas de sopas chamadas "de cebola" são, até agora, boas. Ambrose Heath tem algumas belezas confiáveis em seu pequeno clássico intitulado, sem cerimônia, *Good Soups*. A melhor é provavelmente a sua número um, que ele encerra com a maravilhosa declaração de cozinheiro para cozinheiro: "É a sopa das sopas". Dá também a receita da sra. Glasse (1767) e cita a minha favorita, que nunca consegui experimentar, por motivos razoáveis ou infames. Refere-se a ela, de maneira um tanto ambígua, como "peculiar". Posso declarar mais abertamente que ela tem me obcecado desde que a li pela primeira vez em *Nouvelle Cuisine*, de Paul Reboux, há muitos anos; que leva, além das indispensáveis cebolas, champanhe seco, metade de um Camembert maduro, vários ovos batidos e 30 nozes bem descascadas; que na minha edição da fantástica coleção de receitas termina com: "Coma entre 3 e 4 da manhã em prol do otimismo".

Pensando bem, e depois da consideração devida às sugestões de monsieur Reboux, julgo que a segura, sadia e eminentemente *básica* receita a seguir deveria ser a única. Que os impressores me perdoem...!]

SOPA DE CEBOLA PARISIENSE

- 2 latas (1 litro) de caldo de carne ou consomê
- 2 ou 3 cebolas doces cortadas bem fino
- 3 colheres de manteiga ou óleo bom
- 1 colher bem cheia de farinha
- pão de centeio cortado em fatias finas e torrado
- queijo tipo parmesão ralado

Doure as cebolas na gordura, polvilhe a farinha e mexa enquanto cozinha por dez minutos. Acrescente a sopa, de preferência aquecida, e deixe ferver devagar até que as cebolas fiquem bem macias. Espalhe bastante queijo sobre a torrada e derreta em forno bem forte. (Isso é melhor do que pôr a torrada e o queijo na sopa e depois derreter, pois a torrada fica mais crocante.) Ponha a sopa numa terrina quente, cubra com a torrada e sirva de imediato.

Isso é o que se pode chamar de uma sopa "leve mas vigorosa"; com uma boa salada, frutas e café, agradará a qualquer família faminta. [Todos os livros de receitas são interessantes, ao menos para mim, mas acho que alguns dos mais gostosos de ler são os que trazem receitas de sopas (de Ambrose Heath, da sra. Mabon), da mesma maneira que a melhor seção de um livro abrangente como o de Escoffier pode tratar do mesmo infinitamente variável assunto.]

Há muitas outras, que são refeições ainda mais completas em si mesmas e que, como todos os pratos desse tipo, podem ser alteradas de acordo com a vontade e o bolso do chef. Eis aqui uma receita básica de *chowder*, que pode ser esticada para um lado ou para o outro, tornando-se camponesa simples ou citadina elegante.

CHOWDER

- 250 g de bacon magro ou carne de porco salgada cortada em cubos pequenos
- 2 cebolas grandes cortadas fino
- ½ pimentão verde cortado fino (opcional)
- 3 xícaras de água
- 3 batatas grandes cortadas em cubos pequenos
- sal e pimenta a gosto
- ½ xícara de creme (opcional)
- 1 lata pequena de pimentão doce (opcional)
- 1 lata de milho, ou 1 lata de mariscos ou mexilhões picados, ou 1 lata de polpa de tomate, ou qualquer coisa que lhe ocorrer

Frite o bacon até ficar crocante. Acrescente as cebolas e o pimentão e doure bem. Acrescente a água e leve para ferver. Ponha as batatas e deixe cozinhar lentamente até ficar macio. Acrescente o resto dos ingredientes, aqueça bem e sirva. [Se ficar grosso demais, pode-se acrescentar caldo de peixe, mais água ou mais creme. Meu pai gosta que a colher fique de pé no *chowder*, mas eu prefiro um pouco mais molhado.]

Existem alguns orgulhosos incentivadores da cozinha regional que dizem que um *chowder* feito com qualquer coisa diferente de bolachas de água e sal esfareladas é hediondo e insultante. Podem então ignorar as batatas e substituí-las por seu espessante preferido, para ficarem felizes.

Há outra controvérsia antiga entre os amantes do *chowder* sobre qual é o correto: o tipo feito com leite ou aquele feito com tomate e água. Tempos atrás, isso talvez dependesse do transporte e do clima, de tal modo que no inverno, quando a vaca ainda estava fresca, havia leite, e no verão usavam-se os tomates, que estavam carnudos e cheios.

Quem sabe? Além do mais, quem se importa com isso? Você deve comer de acordo com o seu gosto, tanto quanto possível, e se quiser fazer um *chowder* com leite e tomate, bolachas e batatas, faça-o, se o resultado lhe agradar (o que parece um tanto duvidoso, mas possível).

Certa vez, o visconde de Mauduit observou a alguém, ou talvez alguém tenha observado ao visconde de Mauduit, que comer é uma arte digna de figurar entre os métodos pelos quais o homem escolhe fugir da realidade. Despida de seu ritmo levemente pontifical, essa declaração soa bastante a verdade. E uma de suas estranhas provas, de algum modo, é a mania atual por *vichysoisse*.

Esse delicado caldo untuoso, servido numa centena de restaurantes da moda de Nova York a San Francisco, parece, de alguma misteriosa maneira, acalmar as mentes latejantes das crianças de hoje tal como acalmava os estômagos ultrajados dos avós aristocráticos de ontem, que o absorviam a contragosto por ser receitado em Vichy e Baden-Baden em vez de pedido avidamente no Ruban Bleu ou no Jack's.

Parece haver alguma coisa em sua delicadeza robusta, sua frígida suavidade, sua levemente vulgar mas tão gostosa cebolinha polvilhada na superfície, que leva até mesmo jovens-antigos metropolitanos com problemas de sinusite ou outras doenças ocupacionais a esquecer a época em que vivem e ficar sentados, revigorados e quietos, por um minuto ou dois.

É uma pena que essa peça atual de vodu gastronômico seja tão cara e complicada de fazer — pelo menos, como o consomê clássico da sra. Hibben, *corretamente*. O creme deve ter exatos 24% de gordura: às vezes, a mistura deve ser a 76°C, às vezes a 85°C. Dezesseis avos de 1 colher de macis moído devem ser acrescentados precisamente no momento correto.

Há concessões que podem ser admitidas, porém, aprove-as você ou não. Aqui está uma receita, uma verdadeira combinação da Soupe à la Bonne Femme de Escoffier com uma que encontrei num calendário publicado pela companhia de gás do cantão suíço de Vaud. É muito boa quente, mas para ser transformada numa *vichysoisse* passável, deve levar um pouco de creme [azedo, ou muito espesso] batido e ficar na parte mais fria da geladeira por pelo menos 24 horas.

SOPA CREME DE BATATA

- 4 batatas médias, descascadas e cortadas fino
- 2 cebolas cortadas fino
- 2 colheres de farinha

- 4 colheres de manteiga (sem concessões aqui)
- sal e pimenta
- 1 xícara de água da batata
- 3 xícaras de leite gordo escaldado
- 1 colher de salsinha picada
- 1 colher de cebolinha francesa picada se possível

Cozinhe as cebolas em fogo brando na metade da manteiga por quinze minutos. Acrescente as batatas e cubra com uma pequena quantidade de água, cerca de 2 xícaras. Cozinhe-as em fogo brando até ficarem macias. Coe, reservando 1 xícara da água, e passe as batatas por um coador. [Um bom coador. Observo que a maioria das cozinheiras médias, das quais sou uma, fica mais e mais descuidada em relação a peneiras e coadores. Após alguns anos de cozinha, acomodam-se comumente com um utensílio de uso geral que dará conta mais ou menos de suas tarefas normais. Ora vamos! (Devem ir à loja de utilidades domésticas amanhã... não, hoje!)]

Faça um roux da manteiga restante e a farinha, adicione a água da batata e os temperos, e acrescente mexendo o leite escaldado. Combine essa mistura com as batatas coadas e aqueça completamente, batendo com um batedor de ovos durante vários minutos. Acrescente as ervas picadas e sirva de imediato. (Ou gele e sirva no dia seguinte como *vichysoisse*.)

Há um outro tipo de sopa, decerto não suave, mas com um charme extravagante [Não sei por que disse "extravagante". Essa sopa, que é cada vez mais servida no verão americano, é tão respeitável quanto qualquer *chowder* ianque.], que deve ser servida tão fria quanto a *vichysoisse* e pode muito bem ser uma alternativa para aquelas almas fatigadas e quebradiças que passam os meses de verão em qualquer cidade, graças sobretudo ao que suas avós provavelmente chamavam de "creme frio de batata". É simples de fazer, barato e, ao contrário da *vichysoisse*, bastante elástico, dependendo basicamente de quão afortunado você seja em plantar ou comprar ervas.

Esta receita deriva em parte de Paul Reboux e em parte de um chef espanhol de um cargueiro italiano que certa vez navegou de Marselha até Portland, Oregon.

GASPACHO

[Nos últimos anos, vi-me envolvida numa discussão, tão esotérica quanto prática, sobre a maneira correta de fazer gaspacho. Ainda permaneço fiel a esta receita, observando ao mesmo tempo que, tal como as regras de todas as boas sopas nativas, ela pode variar de acordo com cada homem que a faz.]

- 1 punhado generoso de uma mistura de cebolinha francesa, salsa, cerefólio, manjericão, manjerona... qualquer uma ou todas, mas frescas
- 1 dente de alho
- 1 pimentão-doce ou pimentão verde
- 2 tomates descascados e sem sementes
- 1 copo pequeno de azeite de oliva (ou um óleo saboroso de nozes)
- sumo de 1 limão
- 1 cebola, em fatias da espessura de uma folha de papel
- 1 xícara de pepino cortado em cubos
- sal e pimenta
- ½ xícara de farinha de rosca

Pique as ervas e amasse bem com o alho, o pimentão e os tomates, acrescentando o azeite bem devagar e o sumo de limão. Acrescente cerca de 3 copos de água fria [ainda digo que esse é o líquido correto. Mas com frequência uso caldo de carne ou de peixe] ou tanto quanto quiser. Ponha a cebola e o pepino, tempere, polvilhe a farinha de rosca e deixe gelar durante pelo menos quatro horas antes de servir.

Esse gaspacho pode ser alterado para se adequar ao que vem da horta, mas deve sempre levar azeite, alho, sumo de limão e ervas bem maceradas juntas [esse é o truque importante: uma espécie de marinada grossa, realmente, de ervas maceradas, azeite, ácido...], assim como cebola e alguma outra hortaliça flutuando em torno dela; e deve ficar de fato muito frio. Então resulta em uma sopa de verão perfeita, tantalizante, fresca e levemente perversa como são todos os pratos primitivos comidos por gente mundana demais.

É boa para o almoço, ou para a ceia. [No calor da Espanha, cubos de gelo flutuam nela. A maioria dos americanos recua diante dessa esquisitice, acho eu.] É especialmente boa se você oferecer uma carne grelhada e quiser uma maneira legítima e não alcoólica de manter seus convidados ocupados enquanto vira a carne: ponha uma grande terrina na mesa e deixe-os se servir em xícaras, e comer com casquinhas de pão torrado se desejarem. Depois, quando declarar que a entrada está pronta, seja filé ou hambúrguer, você terá apetites e espíritos afiados e uma pátina satisfatória de conversação reluzindo no ar. [Sempre cuido para fazer gaspacho demais. Ele amadurece bem, quando mantido gelado, é uma coisa gostosa de beber gelada no meio de uma manhã tórrida. É também um dos melhores desjejuns do mundo para os infelizes atacados de ressaca.]

[Outra bela sopa de verão é feita com a receita seguinte. Faz parte do crescente número de Coisas que não Menciono Gastronomicamente. Se eu disser às pessoas que a estão tomando que é feita de camarões amassados e especialmente *leitelho*, elas vão estremecer, engasgar e fugir. Então não digo nada e sirvo-a de tonéis invisíveis para hordas inconscientes mas felizes.

SOPA FRIA DE LEITELHO

- 750 g de camarões cozidos e picados
- ½ pepino médio cortado em cubos bem pequenos
- 1 colher de endro bem picado
- 1 colher de mostarda preparada
- 1 colher (chá) de sal
- 1 colher (chá) de açúcar
- 1 litro de leitelho [ou de iogurte]

Misture os camarões, o pepino e os temperos; acrescente o leitelho, mexendo, e leve à geladeira. Rendimento: 6 porções.]

3

É provável que a sopa mais satisfatória do mundo para quem está com fome, bem como para aqueles que estão cansados, preocupados, contrariados, em dívida, com uma quantidade moderada de dor, apaixonados, com uma saúde de ferro ou em qualquer tipo de confusão nos negócios, seja o minestrone.

O minestrone, segundo alguns devotos, deve necessariamente basear-se num caldo de feijão. Outros dizem que um minestrone que começa com um purê de feijão seco macerado cozido não é de maneira nenhuma minestrone, mas *minestra*. Outros dizem ainda: 1. Deve ser temperado com hortaliças que foram carameladas com um punhado generoso de presunto ou bacon em cubos. 2. Jamais deve ser conspurcado por carne de qualquer tipo. A mesma questão existe no que se refere a acrescentar ou não algum tipo de massa pequena, como espaguete quebrado, no último minuto. Há talvez outras diferenças, pois como todos os pratos basicamente puros e honestos, essa sopa tem tantas interpretações quanto formas de ser feita.

No entanto, é sempre uma sopa espessa, simples e reconfortante, repleta de verduras aromáticas e bem arrematada por um bom queijo. A sra. Mazza escreveu certa vez: "Um prato dessa sopa coberta com Romano ralado, servida com pão com alho torradinho, uma salada e um copo de vinho, e *estou jantada*".

Essa sopa é econômica, em parte porque fica melhor no segundo ou terceiro dia, e o que pode ter parecido um tempo meio demorado de cozimento na verdade equivale a poucos minutos, em média, para cada prato servido. Cebolas, alho, batatas e repolho novo encontram-se quase sempre no mercado ou em sua despensa, e qualquer outra hortaliça da estação pode ser acrescentada, impunemente. As frescas são melhores, sem dúvida, porém podem-se usar congeladas, um pouco de cada pacote, para o minestrone semanal ou quinzenal, e até as enlatadas são melhores que nenhuma, se você quiser realmente reforçar suas energias morais e físicas com essa sopa um tanto meticulosa mas que dá satisfação total.

UM MINESTRONE BÁSICO

- 250 g de bacon, carne de porco salgada ou presunto gordo
- 1 cebola pequena picada
- 1 talo de aipo picado
- 1 punhado de salsinha picada
- 2 xícaras de tomates descascados
- 1 colher (chá) de orégano
- 2 colheres (chá) de manjericão

(os dois últimos são opcionais mas gostosos)

Amacie a cebola em gordura animal, adicione o aipo, a salsa e as ervas, e mexa durante 10 minutos até dourar, acrescentando um pouco de água, se necessário, para que não grude.

Adicione o tomate, mexendo sem parar e tomando cuidado para que não queime.

Adicione, mexendo, 2 a 3 litros de água e um pouco de macis, se gostar. (Esta sopa é divertida, porque é tão maleável!)

Passe ao menos as primeiras 5 hortaliças seguintes pela lâmina fina do processador [Ou corte-as não tão fino, deixe-as cozinhar em fogo brando até ficarem macias e então amasse-as com o espremedor de batatas antes de acrescentar algum tipo de massa. Prefiro esse método ao que dei antes.] e acrescente-as à sopa:

- 2 cebolas grandes
- 1 batata, com casca e tudo
- 1 dente de alho (ou 2)
- ½ repolho pequeno
- 3 cenouras

- 6 talos de aipo
- um pouco de espinafre... digamos, um punhado grande
- algumas vagens... o mesmo

(Entende o que quero dizer?)

Leve tudo lentamente ao ponto de fervura e depois deixe cozinhar em fogo brando até que as hortaliças fiquem bem macias. Se gostar, adicione algum tipo de massa vinte minutos antes de servir (somente no dia seguinte, se pretende usar o minestrone mais de uma vez). Mexa ferozmente e sirva sobre pão torrado fino ou não, mas sempre com uma grande tigela de queijo ralado para polvilhar ao servir cada prato, a gosto de cada um dos deliciados seres humanos que dela provarão.

Quanto ao resto da refeição, estou de acordo com a sra. Mazza. Não há por que fazer muitas outras coisas na noite em que se faz minestrone, já que ninguém vai comer mais nada mesmo. Guarde suas tortas para uma noite mais magra e mais faminta.

4

Há muitas variações sobre qualquer receita de sopa que inclua hortaliças picadas. Elas dependem da criatividade da cozinheira e do tamanho da bolsa... para não mencionar algumas outras coisas como clima e guerra, e até inclinações políticas. (Sei de várias mulheres sérias e zelosas que preferem ver seus filhos abatidos a cozinhar algo com o nome estrangeiro de "minestrone", porque neste ano de 1942 os Estados Unidos estão em guerra contra a Itália. Há uma verdade fundamental, embora cansativa, em relação a isso, e você e eu só podemos ter esperanças de que o direito vencerá a força em breve.) [Nos anos 1950, algumas pessoas sentem hostilidade inapelável ao borscht! Felizmente, eu não.]

Se por acaso você não pode ou não quer gostar de minestrone como tal, sugiro que experimente esta variante saudável, que também pode ser um pouco modificada para se adaptar à sua horta mas que é obviamente melhor quando seus ingredientes são mais baratos em casa ou no mercado:

SOPA HORTA VERDE

- 2 colheres de manteiga ou óleo bom
- 1 maço de agrião
- ½ cabeça de alface
- 3 cebolas pequenas e seus talos
- 2 ou 3 folhas de repolho
- 4 talos de aipo
- 1 ramo de tomilho ou manjerona se possível
- 1 punhado de salsinha
- 2 latas (4 xícaras) de caldo de galinha ou carne
- 1 gema de ovo
- ½ xícara de creme grosso (também se possível)
- temperos

Pique ou moa [Acho que toda cozinha deveria ter um bom pilão. O meu é de madeira, mas eu gostaria de ter um de pedra algum dia.] as hortaliças (lavadas, evidentemente). Aqueça-as suavemente durante cerca de dez minutos com o óleo e adicione o caldo. Cubra e cozinhe em fogo brando até que fique bem macio, por cerca de 45 minutos. Bata a gema e o creme juntos e acrescente depois que a sopa estiver na terrina. Polvilhe com pimenta-preta moída na hora.

[Uma versão muito mais elegante dessa honesta Sopa Horta Verde é a seguinte, que depende não somente de certos ingredientes imutáveis (principalmente azedinha) como da quase urgência chinesa de seu tempo de preparo.

Foi feita pela primeira vez para mim por uma bela mulher de San Francisco que fora primeira bailarina em cidades de segunda categoria do Mediterrâneo... uma vida cansativa diante da qual era aparentemente brincadeira de criança fazer e servir meticulosos jantares de oito pratos.

Preparei sua sopa muitas vezes desde que a conheci, mas jamais com sua graça imperturbável. Em homenagem a ela, chamo esse prato de Sopa Else, em vez do nome mais inconscientemente (e modestamente) pontificante que ela lhe dava: Potage Bonne Femme "Esquin".

SOPA ELSE

- 3 colheres de manteiga
- 3 maços de salsinha
- 3 folhas de alface
- 1 cebola média
- ½ litro de azedinha
- noz-moscada, sal, pimenta
- 2 colheres de farinha de trigo
- 2 litros de caldo de vitela, fervendo
- 4 gemas de ovo
- 1 xícara de creme
- cerefólio, se possível

Derreta a manteiga numa caçarola. Adicione a salsa, a alface, a cebola e a azedinha bem picadas, com uma pitada de noz-moscada, sal e pimenta. Cubra bem e deixe murchar em fogo lento por dez minutos. Acrescente a farinha e mexa bem. Adicione aos poucos os 2 litros de caldo fervente. Acrescente um pouco de cerefólio picado, se houver. Deixe tudo ferver durante dez minutos. Bata os ovos, misture bem com o creme e adicione essa liga lentamente à sopa, mexendo sempre. Não deixe ferver de novo. Sirva imediatamente.

Uma sopa deliciosa que desenvolvi gradualmente é feita de cerca de 1 litro de alfaces, cebolinha verde, salsa, ervas, tudo cortado bem fino e depois moído em pasta no pilão. Adiciono, aos poucos, temperos e 1 litro de leite integral, e então ponho para gelar bem... para um almoço de verão.]

Por outro lado, se você diz *argh* para toda a escola do minestrone e acha que verduras picadas só cabem na bandeja de bebês e velhos desdentados, seu melhor procedimento é o da experimentação.

Primeiro, instale um abridor de latas que todo mundo conheça em um lugar sensato de sua cozinha: acima ou ao lado da pia, por exemplo. (Evidentemente, estou falando do tipo que funciona como uma vitrola antiga, pois qualquer outro, que eu saiba, é uma fonte potencial de mau humor, chão sujo e por fim envenenamento do sangue.) [Atualmente, a maioria desses aparelhos, para benefício mútuo do fabricante e da cozinheira, prende-se à parede com um dispositivo que lhe permite pôr junto dele um picador de gelo (bom para o verão), um afiador de facas (ótimo em qualquer tempo), e assim por diante. São um bom investimento.]

Depois que seu abridor um tanto caro foi aparafusado bem firme no lugar, prepare-se para colher dividendos dele enquanto seu braço puder dar à manivela e você conseguir achar coisas em lata para comprar. Para começar, encha uma prateleira, se tiver dinheiro para isso, com sopas enlatadas: marcas anunciadas nacionalmente são sempre respeitáveis e, em geral, há uma fábrica de enlatados perto de onde você mora que faz, de acordo com a região, um caldo de marisco, purê de tomate ou creme de cogumelo desconhecido mas surpreendentemente delicioso (e barato).

Com um estoque de coisas que você gosta e umas poucas das quais não tem certeza de gostar na despensa, comece a criar combinações. [Ou *adições*! Fatias de abacate maduro à sopa de feijão--preto, por exemplo, ou fatias fritas de pepino à sopa de ervilha.] Ponha isso e aquilo juntos na panela; mexa, aqueça e sirva como são: suco de tomate e caldo de marisco, por exemplo.

Ou acrescente uma pitada de xerez no final ao creme de cogumelo e à sopa de tomate, ou um salpico de canela ou noz--moscada na superfície. Creme de ervilha e sopa de tomate ficam bons com um pouco de manjericão fresco picado. Consomê de galinha e suco de tomate ficam bons juntos e ainda melhores com um pouco de sumo de limão e uma polvilhada de queijo ralado no último minuto. Uma gota de creme de leite doce ou azedo é boa em quase todas as sopas ralas, acrescentada no fim e mexida uma ou duas vezes para fazer um redemoinho no prato.

Ou comece pelo início em vez de começar pelo fim, e despeje, mexendo, um punhado de cebolas picadas em pouca manteiga até murchar e depois ponha suco de tomate e caldo de carne na panela, aqueça bem e sirva com croûtons feitos de cubinhos de pão fritos em bacon até ficarem crocantes e bem tostados. Esses croûtons podem ser feitos em quantidade e aquecidos no forno quando se precisar deles, com uma toalha de papel embaixo para absorver o excesso de gordura.

Viajantes bastante confiáveis afirmam que os nativos ao longo do rio Orinoco, na América do Sul, faziam um tipo especial de bola de barro para sua sopa, e a consideram um petisco gostoso. Nossa atual política hemisférica de boa vizinhança nos proíbe de dizer outra coisa senão: "Que deliciosa!". Aqui, em lugar dessas longínquas delícias tingidas de barro, podemos fazer pequenas almôndegas misturadas com ervas finas, passá-las na farinha de trigo e mergulhá-las em um consomê fervente de carne e tomate durante cinco a dez minutos antes de servir.

Ou podemos comprar uma lata de excelentes bolinhos de peixe, que agora são feitos neste país em vez de virem da Suécia, e pô-los, junto com o caldo, numa sopa quente de batata, com um bom punhado de salsa picada para tirar um pouco a palidez.

Ou misturar 1 ovo com 1 xícara rasa de farinha de rosca e cerca de 2 colheres de queijo ralado. Adicione um pouco de noz--moscada, apenas para ser inconsequente, e um pouco de sal e pimenta. Tenha qualquer tipo de consomê fervendo no fogão e despeje a mistura nele, batendo o tempo todo. Cubra por cerca de cinco minutos, bata de novo, e você tem um atalho de Potage Mille Fanti, e muito bom também... provavelmente. [Algo que a cozinheira média não faz o suficiente é usar uma liga: 1 gema de ovo (ou mais), misturada em um pouco de creme ou caldo e adicionada logo antes de servir a quase todos os tipos de sopa, para torná-la mais suave, mais grossa e mais saborosa.]

Ou ponha arroz cozido, ou um pouco de tapioca instantânea, ou um punhado do tipo menor de *vermicelli* em qualquer sopa magra que tenha em casa. (Se você se sente como eu em relação a tais massas, especialmente a tapioca, pode fingir com facilidade que está de volta a uma pensão suíça de segunda classe, observando três mulheres inglesas de solteirismo avançado conferirem seu tônico digestivo e tentando não ouvir o casal austríaco em lua de mel na mesa logo atrás da sua. Até mesmo a nostalgia é um prazer duvidoso quando evocada por glóbulos flácidos de amido dentro de um caldo.)

O melhor talvez fosse cancelar tudo, para não ir tão fundo. Em vez de chegar ao ponto em que porá de bom grado tapioca na sopa, talvez devesse abrir a porta, deixar o lobo entrar pavoneando-se, e gemer, tal como a moça sulista, que você não é capaz nem de ferver água! [Exceto... exceto se você puder, graças a uma compra desvairada ou a um tio generoso, fazer Consommé Talleyrand: rale 4 trufas grandes com casca numa terrina generosa. Adicione 1 xícara rasa de xerez muito seco, uma pitada de pimenta vermelha em pó. Cubra e deixe descansar 1 hora. Despeje sobre as trufas 1 ½ litro de consomê quente e substancioso em que foram fervidas 2 colheres de tapioca. É delicioso.]

Como saudar a primavera

Folhas jovens em todo lugar;
O cuco da montanha canta:
Meu primeiro bonito!

Haicai japonês

Durante séculos, as pessoas acreditaram que se deve comer peixe (1) porque é um alimento para o cérebro, (2) porque é de fácil digestão e (3) porque não tem sangue e, portanto, apropriado para jejuns religiosos. Além dessas razões, sempre foi verdade que, ao menos em tempos de paz, o peixe é usualmente abundante e mais do que usualmente bom.

Hoje em dia, porém, com todas as águas da terra perturbadas e suspeitas, o peixe para alimentação tornou-se uma raridade. Até as gaivotas se acham famintas, os pescadores estão na luta ou em campos de prisioneiros, e as pessoas que outrora "tinham um arenque defumado para o chá"... é de esperar que tenham encontrado outros substitutos adequados, ainda que menos deleitáveis. [Segundo ouvi dizer, os exotismos nas bancas de peixes, de baleia a toheroa, foram uma das luzes mais pesadas que as cozinheiras britânicas tiveram de carregar durante os longos anos de guerra (e "paz").]

Apesar de muitas aldeias litorâneas terem sobrevivido durante séculos comendo peixe e pão e bebendo vinho, existem sábios bioquímicos que julgam ser o peixe um alimento maléfico ao sistema humano. Isso é mais verdadeiro para as cozinhas altamente civilizadas do que para a comida simples das aldeias, mas é verdade em qualquer lugar que o peixe, tal como o frango, se deteriora com grande rapidez, exceto se for mantido em temperaturas muito baixas ou defumado. Pelo menos um desses processos torna-o mais difícil de digerir, do mesmo modo que assar no forno o corpo sensível de um ovo de galinha torna-o mais duro que couro no estômago humano.

A guerra, então, que enche todos os nossos vagões refrigerados com outras cargas mais vitais, torna os peixes de água salgada mais raros que ovos de dourado, no Meio-Oeste, e os peixes lacustres, algo que as crianças do litoral podem encontrar em livros de história.

A melhor maneira de ter peixe no jantar, na maioria dos lugares, será ir até a margem de um rio, ou pegar seu bote na mudança da maré, se conseguir passar pelas sentinelas e evitar as minas, e capturar alguns bagres ou outros peixes de água doce com seu anzol. A melhor coisa a fazer em seguida é comer atum ou salmão enlatados, se ainda conseguir achar quem os venda... pois a frota italiana no Fisherman's Wharf de San Francisco está imobilizada e as fábricas de enlatados ao longo da costa estão esperando que outros homens assumam o lugar de todos os japoneses, que costumavam trabalhar tão bem, cortando cabeças, espremendo vísceras e empilhando os corpos em linha reta.

"Quanto melhor o peixe, mais simples deve ser seu preparo", diz Sheila Hibben, e se você conseguir encontrar peixe fresco, a primeira coisa a lembrar são essas palavras sábias. [Desenvolvi um respeito verdadeiro por peixe congelado, tanto em filés como, no caso das frutas, inteiros.] Se o peixe for bom, seu sabor emergirá com muito mais honestidade se for simplesmente grelhado em vez de coberto com um molho complicado e caro. A grelha deve estar sempre quente, de tal maneira que o peixe não grude e quebre ao ser virado, e, evidentemente, deve estar mais quente ainda no caso de os peixes serem menores, para que os pedaços mais grossos não queimem por fora antes de o interior estar assado.

O peixe que é geralmente limpo pelo vendedor deve ser lavado, seco e depois untado, antes de ser temperado para ir à grelha. O mesmo vale para o peixe que será assado numa caçarola rasa. Deve haver bastante manteiga derretida, de preferência aquecida com sumo de limão; esse é, na maioria dos casos, o molho perfeito, sem nem mesmo a distração de algumas ervas picadas. [Em geral, passo um pouco de molho de soja no peixe antes de untá-lo, exceto se for muito fresco e delicado, e especialmente se for congelado. Isso acrescenta um sabor bom ao molho final. Compro molho de soja em litro, mas pode-se comprá-lo em galão, de um coreano-americano chamado Paul.]

Um dos grandes problemas em relação ao peixe frito nos Estados Unidos (isto é, peixe frito *honesto*, e não a repugnante monstruosidade empanada servida com frequência em restaurantes bem conceituados) é que fica passado demais. O peixe, tal como o ovo, deve ser cozido rápida e levemente, e servido de imediato em seu próprio calor cheiroso.

O tipo de gordura para fritura depende de seus hábitos e de sua bolsa. Talvez você acredite que manteiga sem sal é o único meio apropriado, que ela deve ser jogada fora assim que o peixe fica dourado e que mais manteiga deve ser derretida para ser derramada sobre o prato. Talvez você acredite que um pouco de gordura de bacon é uma bela coisa, mesmo para truta fresca, e que é boa não somente no peixe, mas também sobre algumas torradas para acompanhá-lo. As duas escolas de pensamento podem ser chamadas de *Haute Cuisine* e Fogueira de Acampamento. Não há o que discutir com ambas, desde que o peixe seja fresco e a gordura honesta. [Eu costumava ficar em fila esperando bagres que vinham do rio Sacramento, e a garota de New Orleans chamada Bea, que estava me ajudando a cozinhá-los, mergulhava-os levemente em fubá muito temperado *com pimenta vermelha em pó* antes de fritá-los numa boa gordura de bacon. Isso pode ser um truque comum, mas eu não o conhecia. Faz milagres.]

Qualquer livro de cozinha respeitável traz muitas receitas boas para preparar vários tipos de peixe; livros como o *Kitchen Manual*, da sra. Hibben, e a edição americana de *Fine Art of Cookery*, de Escoffier, contêm discussões admiráveis sobre o tema. [E considero a discussão de Brillat-Savarin sobre a "Teoria da fritura" em *A fisiologia do gosto* necessária a qualquer formação literária da cozinheira.] E se você se cansar de tudo, pode cortar em fatias finas quase qualquer peixe de fibras finas, cobri-las com sumo de limão e encontrá-las cozidas em 4 horas, sem ajuda de fogão ou fogo. Compõem um bom hors-d'oeuvre, coadas e cobertas levemente com uma maionese picante.

Apesar de certos juízes gastronômicos tacanhos, os quais acham que o peixe saído de uma lata é apropriado somente para gatos de rua, os modernos atuns, salmões e camarões enlatados constituem uma contribuição apreciável ao seu cardápio, se você consegui-los. Com efeito, é provavelmente seguro usar qualquer peixe enlatado, desde que, é claro, a lata esteja intacta. [As latas apresentam cada vez mais garantia. A que parece estufada e emite um zumbido ou sopro quando aberta deve ser descartada sem cavilação. O interior preto também é quase sempre suspeito. E eu confio principalmente em meu Nariz Curioso. Mas, em geral, os enlatados modernos são quase tão confiáveis quanto aquelas outras duas realidades onipresentes, Morte e Impostos.]

Há incontáveis maneiras econômicas de preparar peixe enlatado, e a maioria delas exige tão pouco tempo que são especialmente interessantes para a mulher que trabalha fora.

Lembre-se que o odor e o gosto do peixe enlatado será mais forte que o do peixe fresco, e use mais tempero. O enlatado já está cozido, portanto só precisa ser aquecido o suficiente para que os outros ingredientes cozinhem e os vários sabores se misturem. Ele quebra fácil e, assim, deve ser adicionado em último lugar a um molho que precisa ser mexido. O líquido que vem na lata é bom, usado no mesmo prato, se possível. Se for um óleo (o que é cada vez mais improvável), fica bom em molho francês, para variar.

Uma bela receita espanhola, fácil e rápida, é boa com batatas descascadas, cortadas em cubos, cozidas rapidamente e agitadas com um punhado de ervas picadas e um pouco de manteiga.

PANQUECA DE SALMÃO (OU ATUM)

- 2 ovos
- 1 xícara de salmão enlatado
- 1 colher de salsa picada
- 2 colheres de manteiga derretida ou óleo

Bata os ovos, desfie o salmão, misture de leve e acrescente a salsinha. Forme uma panqueca espessa, tornando-a mais sólida com farinha de rosca, se necessário, e frite na manteiga até ficar dourada.

Uma receita parecida com essa vem do Havaí, via China, provavelmente. É uma refeição completa, e bem boa, com cerveja leve ou vinho branco para acompanhar e, talvez, um sorvete de limão e abacaxi depois, se for verão e você estiver com espírito festivo.

CAMARÕES HAVAIANOS

- 3 colheres de gordura
- 2 xícaras de camarões enlatados ou frescos
- ½ xícara de aipo picado
- ½ xícara de pimentão picado
- ½ xícara de cogumelos enlatados ou frescos
- 1 cebola pequena picada
- 3 colheres de molho de soja
- 3 xícaras de arroz cozido
- 3 ovos
- 3 colheres de água

Doure levemente a cebola na gordura. Adicione o aipo, o pimentão, os cogumelos e cozinhe durante 2 minutos.

Acrescente os camarões e vire levemente durante dois minutos. Adicione então o arroz e o molho de soja (ou Worcestershire) [Se usar este último, use apenas 1 colher, evidentemente. O molho de soja é salgado, não apimentado, como o outro.], e vire até aquecer, ou cerca de dois minutos.

Mexa a água e os ovos juntos, e acrescente à mistura. Mexa tudo rapidamente e sirva de imediato.

Outro prato delicioso de camarão, que é chamado de "curry", embora se assemelhe pouco ao verdadeiro curry, é delicioso seguido de uma salada verde simples e depois café.

CURRY DE CAMARÕES E OVOS

- 2 colheres (chá) de pó de curry (conforme o gosto)
- ⅔ de xícara de creme leve
- 2 latas de sopa creme de cogumelo
- 1 ½ xícara de camarões (cozidos, enlatados ou congelados)
- 4 ovos duros fatiados
- arroz quente solto
- acompanhamentos do curry: coco, chutney, gengibre cristalizado etc.

Misture o pó de curry e o creme. Adicione à sopa e misture bem. Adicione os camarões e os ovos, e aqueça sobre água quente, mexendo o menos possível. Sirva com arroz quente e os acompanhamentos de qualquer curry. Esta receita se adapta bem a réchauds.

A sopa de cogumelo, embora longe da perfeição, é uma ajuda bem presente em tempos de dificuldades culinárias e tem transformado muito prato Gata Borralheira em Princesa Cinderela. A receita seguinte é um exemplo entre muitos outros e você pode variá-la de acordo com as ervas e as ideias que tiver.

ATUM (OU SALMÃO) AO FORNO
COM MOLHO DE COGUMELOS

- 1 lata grande de peixe
- sal e pimenta
- 1 cebola doce fatiada em rodelas finas
- 1 pimentão cortado em tiras finas

- 1 lata de sopa creme de cogumelo
- ½ lata de água
- 2 colheres (chá) de salsa picada
- queijo ralado (opcional)

Unte uma fôrma generosamente e faça camadas de peixe em lascas, cebola, pimentão e salsa. Dilua a sopa na água e acrescente. Salpique queijo ralado se quiser. Leve ao forno moderadamente quente (200ºC) por cerca de vinte minutos.

Esses pratos podem ser feitos em caçarolas pequenas, que demoram menos tempo para assar. [Ou em conchas generosas. Acho a maioria das conchas naturais muito pequenas... como a maioria dos cálices de xerez... como a maioria dos copos de gim... em especial, como a maioria das taças de champanhe.] Podem-se adicionar cogumelos enlatados, ou pimentão-doce fatiado, ou sobras de ervilhas... e assim por diante.

É uma pena que, apesar dos bioquímicos que acham que vivemos melhor sem peixe dentro de nós, a terra tenha interferido em nossos gostos opostos. A ideia de barracudas e esturjões desviando-se de bombas de profundidade é triste, assim como o fim daquele japonesinho nostálgico que escreveu com tanta ternura sobre o primeiro gosto suculento de bonito na primavera.

Como não ferver um ovo

Ovo cozido, fechado, que te importa
A paixão desabrochada da Rosa?

H. P. Putnam

Uma das coisas mais privadas do mundo é provavelmente um ovo antes de ser quebrado.

Até então, ele tem seus segredos próprios, escondidos atrás das belas curvas impassíveis de sua casca, branca, vermelha ou salpicada. Emerge plenamente formado, quase sem dor [O *ovo* talvez não se incomode, mas nove anos e duas filhas depois de escrever isso, penso um pouco mais na *galinha*. Fui, talvez, falastrona demais.], da galinha. Jaz sem pensar na palha e, a não ser que haja uma tempestade ou uma forte elevação da temperatura, permanece fresco o suficiente para satisfazer o paladar humano durante vários dias.

No entanto, apesar da completa impessoalidade da casca do ovo, certas coisas podem ser adivinhadas sobre ele. As pessoas experientes podem descobrir vários detalhes um tanto surpreendentes segurando-o contra uma luz forte, e até um simplório lhe dirá que, se não for fresco, o ovo ficará de pé numa vasilha com água e talvez balance um pouco.

A melhor coisa a fazer com ovos velhos é não comprá-los, pois não servem para nada. Se descobrir que lhe venderam alguns assim, mude de fornecedor sem mais conversa.

As galinhas, desde que consigam se alimentar o bastante, vão em frente na profissão escolhida, estando ou não o país em guerra, mas, infelizmente, o produto de seu labor é tão delicado e perecível que quando a maioria dos caminhões velozes estão sendo usados para transportar soldados, o preço dos ovos sobe demais, seja a oferta de boa qualidade ou não [... e o mesmo acontece com o custo e a obtenção do sustento delas].

Durante a última guerra, as donas de casa costumavam comprar várias dúzias de ovos quando estavam mais baratos e cobri-los num pote de barro com um troço singularmente desagradável chamado vidro solúvel.

Lembro de descer ao porão e pescar no jarro de pedra dois ovos para um bolo que a cozinheira estava fazendo: o produto químico gelatinoso fazia um barulho de sucção enquanto eu tirava com a colher a hedionda coisa envolta numa camada espessa; tinha enjoo e medo naquele lugar escuro e frio. Decidi então, e ainda sou fiel a isso, que preferiria comer um bom ovo fresco somente de vez em quando a ter um porão cheio daqueles ovos velhos desonestos, que apesar de serem "quase tão bons quanto os novos", não serviam nem mesmo para omeletes, mas tinham de ser usados em bolos e biscoitos.

Evidentemente, a melhor maneira de saber se o ovo que você planeja comer está fresco é ser dono da galinha que o bota. Esse arranjo tem muitos inconvenientes, e quanto a mim, como alguém que jamais sentiu qualquer simpatia para com a galinha* (suas cabeças são um tanto pequenas demais para os corpos estúpidos, ciscadores, onívoros), sempre me contentei em deixar que outra pessoa cuidasse do galinheiro, mesmo que eu tivesse de comprar o produto a um preço muito maior do que se o obtivesse em casa.

Os ovos, caros ou não, são um bom investimento de vez em quando e, se não houver restrições por parte de seu médico, ou se você detestá-los de qualquer jeito, devem ser comidos ocasionalmente em lugar da carne. A ideia antiquada de que são "alimento inválido", algo leve e inconsequente, já foi bem desmentida pelo fato de que dois ovos são tão nutritivos quanto um bife suculento... e dez vezes mais difíceis de digerir, exceto se forem cozidos com grande sabedoria.

A maneira mais sábia de tratar um ovo é provavelmente não cozinhá-lo de modo algum. Um notívago consumado provará para você que uma Ostra da Pradaria [... como apresentada na página 88] é um dos estimulantes mais rápidos para um homem, e esteja você com ressaca ou apenas cansada, um ovo cru batido com um pouco de leite ou xerez pode levá-la a sentir-se muito mais capaz de cuidar de si mesma, e em pouco tempo. [Meus filhos reagem com alegria a uma gema de ovo espalhada em pão preto e polvilhada com açúcar mascavo, para um lanche potente.]

Certa vez, um bioquímico me disse que cada minuto de cocção de um ovo corresponde a três horas a mais para ele ser digerido. A ideia de um estômago bombeando, moendo e labutando cerca de nove horas para dar conta de um ovo de três minutos é cansativa, se for verdade, e torna assustadoras as lembranças de piqueniques com seus ovos *à la diable*.

---

* Acho que deveria colocar um adendo aqui: viva em vez de disposta sobre um prato. Eu poderia de bom grado abster-me dessa também, mesmo quando cozida com o toque divino... dos cogumelos.

A maneira mais simples de comer um ovo, se você se recusa a engoli-lo cru, mesmo em seus disfarces mais sofisticados, é fervê-lo. Antes, é *não* fervê-lo, pois nunca existiu expressão mais errada do que "ferver um ovo".

Há várias maneiras de *não* ferver um ovo para que fique macio, completamente cozido e, contudo, quase tão fácil de digerir quanto se estivesse cru.

Uma muito boa é derrubar gentilmente o ovo na água fervendo, primeiro colocando-o sob água fria, para que não quebre, e depois deixando-o no calor médio por quanto tempo se quiser. Ele cozinhará tão rápido como se a água estivesse borbulhando e será um ovo mais bem-apresentado, uma vez aberto.

Outra maneira, que penso ser a melhor, é cobrir o ovo com água fria numa panela pequena. Aqueça rapidamente, e assim que a água começar a borbulhar, o ovo está pronto. Ficará mais macio do que se ele for posto já na água quente, que cozinha imediatamente a parte mais próxima da casca, em vez de aquecer o ovo inteiro aos poucos.

Jamais vi um ovo se romper quando se começa a cozinhá-lo em água fria, mas algumas pessoas fazem automaticamente um furinho nos ovos que fervem para evitar possíveis vazamentos, lesões e perdas.

(Se você ainda quer ovos duros, depois de ponderar sobre o número de horas, ou dias, que levará para digeri-los segundo o bioquímico, ponha-os na água fria, apague o fogo assim que ela começar a borbulhar e deixe-os descansar até que a água esfrie. Ficarão macios e comparativamente livres de pesadelos.) [Esse não é um bom sistema. Desde que fui otimista ao escrever isso, descobri que com bastante frequência os ovos não descascam adequadamente. Metade da clara sai com a casca. Ai, ai.]

Se você acha que ovos quentes são alimento apropriado para crianças e se recusa a admitir que um ovo preparado com delicadeza, retirado com cuidado da casca e posto numa xícara, sabiamente temperado com sal, pimenta-preta moída na hora e uma boa porção de manteiga, para ser comido com torradas, possa trazer algum benefício, então, definitivamente, esse não é o seu prato. Em vez disso, tente aquecer uma frigideira rasa ou um prato à prova de fogo, colocando uma porção de manteiga [de preferência esperando no fundo, para absorver o bom calor que derreterá o ovo...] ou toucinho, ou óleo decente [Isso deve ter sido uma aberração da época da guerra. Há pouco tempo despedi uma cozinheira que fritava ovos em meu melhor azeite de oliva. Os ovos, o azeite, a casa inteira e por fim a cozinheira ficavam insuportavelmente *escorregadios*.], até que pareça muito quente, e quebre 1 ovo ou 2. Então... e este é o truque... apague o fogo no mesmo instante, cubra bem a frigideira e espere cerca de três minutos. O resultado será macio, firme e muito bom para ser acompanhado por torrada e café, ou por salada e vinho branco no jantar.

Esse método é evidentemente um meio-termo. Não se trata de um ovo frito, em termos estritos, mas é como cheguei mais perto de fazer um *bom* ovo frito.

Posso fazer ovos fritos espantosamente *ruins* e, apesar do que as pessoas me dizem sobre esse método, continuo a fazer ovos fritos espantosamente ruins: duros, com bordas parecidas com renda engomada suja e um gosto metade enxofre, metade jornal chamuscado. Creio que a melhor maneira de encontrar um método confiável é perguntar para quase todo mundo, menos para mim. Ou procurar num livro de receitas. Ou fazer experiências.

Há tantas teorias diferentes sobre como fazer uma omelete quanto pessoas que gostam delas, mas, em geral, há duas escolas principais: a francesa, que usa ovos inteiros pouco batidos, e a inflada ou *soufflée*, que bate clara e gema separadamente e depois as mistura.

Há também, é claro, a escola da fritada italiana, que mistura todos os tipos de verduras cozidas com ovos e funde-os numa espécie de torta; uma escola muito boa, por falar nisso.

Além delas, há a escola oriental, melhor exemplificada pelo que é geralmente chamado de *foo yeung* em salões de chop-suey, uma espécie de panqueca de ovos e brotos de feijão e e e...

Para coroar a coisa toda, há a escola que tem seu método confiável e usualmente muito simples de pôr os ovos numa panela e fazê-los sair conforme se pretendia. Brillat-Savarin chamou-os de *oeufs brouillis*, e eu os chamo de "ovos mexidos".

A melhor definição de uma omelete francesa perfeita é dada, talvez inadvertidamente, na tradução americana do *Guide Culinaire* de Escoffier: "Ovos mexidos envoltos numa cobertura de ovo coagulado". Em si, essa frase não me parece muito apetitosa, mas deve servir na falta de um homem melhor para definir o prato. [Isso é dito de maneira muito mais simples no idioma original: *une omelette baveuse*.]

Uma omelete francesa digna do homem, se não da definição, pode ser feita, pelo menos da segunda vez, se da primeira ela acabar num coágulo duro e feio, obedecendo-se às seguintes orientações:

OMELETE FRANCESA BÁSICA

- 6 ovos
- 3 colheres de manteiga (óleo bom se absolutamente necessário)
- sal e pimenta-do-reino

Assegure-se de que a frigideira (20 ou 25 cm) está lisa por dentro. Aqueça a manteiga nela até exalar um cheiro de nozes, mas sem dourar. ("Isso não só dará um ótimo gosto, como o grau de calor atingido para produzir o aroma garantirá o cenário perfeito para os ovos", diz Escoffier.) Gire a frigideira para que a manteiga cubra as laterais.

Bata os ovos levemente com um garfo, adicione os temperos e despeje na frigideira. Assim que as bordas estiverem definidas, passe uma espátula sob o centro de tal maneira que todas as partes não cozidas escorram para baixo da já cozida. [Agora eu já sei, fatalisticamente, que se estou usando uma frigideira que conheço e se passei a quantidade certa de manteiga em torno dela, e se as estrelas, os ventos e o clima emocional em geral estiverem em conjunção e harmonia, posso fazer uma omelete perfeita sem encostar uma espátula nela. Ocasiões assim são históricas, bem como acidentais.] Faça isso uma ou duas vezes, nunca deixando-a fazer o que ela quiser. Quando estiver delicadamente dourada embaixo e cremosa em cima, dobre-a pelo meio (ou enrole-a, se é mestra), escorregue-a para um prato e sirva rápido.

Ervas picadas, queijo, cogumelos e quase qualquer outra coisa podem ser adicionados conforme sua vontade, seja antes, nos ovos mexidos, seja quando ela estiver pronta para ser dobrada. [Peixe ou ave delicadamente cremosos, generosos em proporção ao tamanho de cada omelete, podem ser misturados aos poucos à omelete, ou ervilhas frescas ou aspargos, levemente cozidos na manteiga.]

A segunda escola de omeletes é definida aproximadamente como pertencendo àqueles viciados que acreditam que os ovos devem ser separados e bem batidos, e depois reunidos de novo. O principal truque a lembrar nessa técnica é provavelmente que a massa delicada e espumosa resultante deve ser cozida devagar em vez de depressa. [Não sei por que disse isso. É verdade para ovos mexidos, com certeza, mas uma boa omelete (suflê) deve ser assada em forno rápido por quinze ou vinte minutos, ou pelo menos é no que creio agora com firmeza.] Se assim for feito, ela ficará "de pé firme e orgulhosa, em vez de despencar como um cavalo cansado", diz a sra. Mazza. E ela tem razão.

OMELETE-SUFLÊ BÁSICA

- 6 ovos
- 3 colheres de manteiga (ou óleo decente, na falta de melhor)
- 5 colheres de água quente
- sal e pimenta-do-reino

Separe os ovos, bata as claras em neve e as gemas em creme. Adicione a água quente e os temperos às gemas, misture bem e acrescente lentamente as claras. Aqueça uma frigideira, adicione a manteiga e gire-a pelas bordas até borbulhar. Despeje a mistura de ovos e deixe sobre fogo muito brando até ficar dourada embaixo. Ponha no forno para dourar levemente em cima. Enfie um palito, como nos bolos, que deve sair seco e limpo quando a omelete estiver pronta.

Essa omelete pode ser cortada em duas partes, e entre elas e em cima podem ser colocados vários tipos de molho: molho espanhol, fígado de galinha, sobras de timo com creme, cogumelos ao xerez... e assim por diante.

Ou tente derramar um pouco de rum sobre ela e polvilhe com açúcar refinado, para ter uma bela sobremesa. Ou passe chutney ou uma boa geleia e leve à grelha de novo e rapidamente para obter um remate estranho e saboroso para a refeição. [Jeanne Bonamour, em Dijon, costumava fazer suflês de queijo do jeito que um bom barman mistura gins secos, sentindo-se segura em um arrebatamento de hábito e suprema autoconfiança. Tomava o cuidado de usar queijo suíço fresco e úmido e ovos muito frescos (6), manteiga (4 colheres) e leite (1 xícara). Misturava o leite e um pouco de farinha numa caçarola pequena... mas sua receita está em qualquer coleção respeitável de cozinha francesa simples.]

Uma fritada italiana, que como todas as omeletes é um belo prato para almoço ou jantar em qualquer língua, é um tipo de torta ou panqueca recheada com verduras. É feita com azeite de oliva em vez de manteiga (se possível). Qualquer mistura cheirosa de ervas e legumes que você fizer deve ser esfriada e depois adicionada aos ovos.

FRITADA DE ABOBRINHA
(*Por exemplo*)

- 3 colheres de azeite de oliva (ou substituto respeitável)
- 1 cebola ou 3 cebolinhas verdes
- 1 dente de alho
- 5 abobrinhas pequenas
- 1 tomate fresco grande ou 1 xícara de tomates enlatados bem comprimidos
- sal e pimenta-do-reino
- 1 colher (chá) de ervas... salsa, manjerona ou tomilho
- 9 ovos

Aqueça o azeite numa frigideira e cozinhe a cebola picada e o alho por dez minutos. Adicione a abobrinha cortada em fatias finas. Acrescente o tomate descascado e picado, os temperos e as ervas. Cubra e cozinhe até que a abobrinha fique macia. Tire do fogo e esfrie.

Bata os ovos levemente, tempere e misture com as verduras frias. Despeje de volta na frigideira, cubra bem e cozinhe em fogo brando até que as bordas da fritada se desprendam da panela. Se o meio formar bolhas, fure com uma faca afiada [... ou, melhor ainda, levante a borda uma ou duas vezes com uma colher grande, para deixar o ar sair].

Quando estiver sólido, doure levemente em forno preaquecido, corte em fatias como uma torta e sirva de imediato.

Essa fritada é um bom prato. Pode ser feita com quase qualquer coisa: vagens, ervilhas, espinafre, alcachofras. Pode-se polvilhá-la com queijo. [Na qualidade de velha e esperta cozinheira de fritada, quase sempre adiciono, nos dias mais ricos que correm, 1 xícara rasa de bom parmesão seco aos ovos quando os misturo. Muitas vezes adiciono creme também. Como é fácil extraviar-se da austeridade!] Tipos diferentes de ervas, como manjericão, segurelha e outras, podem mudar completamente o caráter dela. E com um copo de vinho e um pão genuíno, compõe uma refeição. No final desta você sente que o Fado não pode prejudicá-la, pois você jantou.

Foo yeung é, na realidade, outra fatia do mesmo pão. A principal diferença entre esse prato e a fritada é que, na versão oriental, as verduras são cortadas em cubos e cozidas somente até ficarem vivamente aquecidas, de tal maneira que toda a textura é de surpresas, um misto de agudo e suave, crocante e mole, como todos os bons pratos chineses devem ser. Essa receita pode evidentemente usar Ajinomoto (*mei jing*) [Tantos editores se arrepiaram com minhas opiniões sobre o que chamamos pomposamente de algo como "sodomato monoglúteo" que eu só repito aqui que é uma bela coisa de vez em quando, *mas não sempre, nem em doce, café e ervilhas frescas*], carne de porco assada em cubos (*foo yuk*), castanhas-d'água (*ma tai*) descascadas e picadas, broto de bambu (*jook tsun*) picado e uma dúzia de outras coisas deliciosas que são vendidas em empórios chineses. Pode ser feita também sem um desses ingredientes e ainda assim ter um sabor fresco e estranho como qualquer omelete chinesa genuína.

FOO YEUNG BÁSICO

- 4 ovos
- 3 colheres de gordura boa
- ½ xícara de cebola
- ½ xícara de aipo
- ½ xícara de pimentão verde
- ½ xícara de cogumelos

Doure a cebola picada levemente na gordura. Misture levemente as verduras cortadas ou picadas com os ovos. Deixe ficar firme e dourado na panela, mexendo o centro de vez em quando. Corte em seções e sirva rápido.

Há quase tantas variações dessa receita quanto personagens chineses. Adicione camarões. Adicione arroz cozido. Adicione frango picado. Adicione amêndoas fritas [... ou porcopresuntocarnevitelapeixe cozidos e picados]. Tente misturar todos os ingredientes juntos e depois fritar pequenas tortas na gordura quente. Depende se você é de Cantão, Tch'ang-cha ou West Hollywood.

Entre o que julgo serem os ovos mais deliciosos do mundo e essas outras misturas quase igualmente palatáveis com seus nomes exóticos — *frittata, soufflé aux fines herbes, gai foo yeung* — estão mil pratos feitos com o fruto da labuta experiente, embora inconsciente, da galinha e misturados de acordo com a sua fantasia. Quase todos os grandes cozinheiros do mundo têm ao menos um ritual, em geral histriônico, e mais poder para eles! Aqui estão três, plenamente garantidos (embora um deles esteja longe de ser econômico e recomende-se apenas em ocasiões oficiais, se o lobo estiver definitivamente à porta).

OVOS NO INFERNO

[*Uova in Purgatorio, Oeufs d'en Bas etc.*]

- 4 colheres de azeite de oliva (um substituto resolve, raios me partam)
- 1 dente de alho
- 1 cebola
- 2 xícaras de molho de tomate (o tipo italiano é melhor, mas até mesmo ketchup funciona se você diminuir os temperos)
- 1 colher (chá) de ervas picadas misturadas (manjericão, tomilho)
- 1 colher (chá) de salsa picada
- sal e pimenta-do-reino
- 8 ovos
- fatias de pão francês finas e tostadas

Aqueça o azeite numa panela que tenha uma tampa hermética. Divida o alho ao meio, enfie um palito em cada metade e doure lentamente no azeite... Adicione a cebola picada e cozinhe até dourar. Acrescente então o molho de tomate, os temperos e as ervas. Cozinhe por cerca de quinze minutos, misturando com frequência, e depois tire o alho.

Na mesma panela, quebre os ovos. Regue-os com o molho, cubra bem e cozinhe em fogo muito lento até que os ovos estejam prontos, ou por cerca de quinze minutos. (Se a panela for pesada, pode apagar o fogo e cozinhar em quinze minutos com o calor conservado no metal.)

Ao ficar pronto, ponha os ovos cuidadosamente sobre as fatias de torrada e cubra com molho. (Polvilhe queijo parmesão ralado em cima, se conseguir obtê-lo.)

Há muitas variações dessa receita, mesmo em minha memória, para que se possa escrevê-las. Recordo de uma que costumávamos fazer, nunca antes das duas e jamais depois das quatro da manhã, numa estranha cozinha elétrica modernosa, nos terraços viníferos entre Lausanne e Montreux. Púnhamos creme e molho Worcestershire em pequenas caçarolas e esquentávamos até fazer bolhas. Então quebrávamos ovos dentro delas, desligávamos o fogo e esperávamos até que parecessem prontos, enquanto ficávamos em volta bebendo champanhe, com olheiras e, na cabeça, música vienense. Depois comíamos os ovos com colheres e íamos para a cama.

Um substituto interessante dessas sombras longínquas deliciosas é o que um jovem-pintor-no-México inventou, chamado Ovos Obstáculos, com nenhum duplo sentido em nenhuma língua:

OVOS OBSTÁCULOS

- 2 colheres de manteiga ou óleo
- ¾ de xícara de molho de tomate apimentado (salsa picante) ou ¾ de xícara de molho de tomate e 8 gotas de molho de tabasco

- 8 ovos
- 1 xícara de cerveja
- torradas quentes

Aqueça o óleo e o molho num prato raso, untando bem as bordas. Quando estiver borbulhando, quebre os ovos no molho. Aqueça lentamente até que os ovos fiquem cozidos, acrescente a cerveja e sirva logo em seguida, com torradas quentes.

Essa receita, como a maioria das receitas boas, tem muitas variações e, ao contrário da maior parte delas, é barata, desde que você tenha os ingredientes.

Isso leva, por um caminho um tanto tortuoso, ao que penso ser a melhor maneira de cozinhar ovos (exceto se você levar em conta ovos cozidos duros, quebrados na sua própria cabeça e comidos com sal, pimenta-do-reino e um copo de cerveja gelada num dia quente de verão).

Ovos mexidos têm sido feitos — e massacrados — desde que o homem conhece panelas e frigideiras, sem dúvida. Muito poucos conhecem os rudimentos contidos na receita que segue. Digo isso com complacência, pois experimentei-a pelo menos uma centena de vezes, com pessoas tão diferentes quanto um irlandês de três anos de idade e um poeta laureado. (Experimentei também ensinar a quatro cozinheiros como prepará-la. Três deles eram profissionais e o quarto queria sê-lo. Todos fracassaram, devo acrescentar com um pouco menos de complacência.) [Sou ainda menos convencida do que era, tendo enfrentado, como todo cozinheiro honesto, as incontáveis sutilezas dos ovos e seus graus insuspeitados de frescura e senectude. Mas ainda acho que esta receita é soberba, se você gosta de coisas delicadamente cremosas de vez em quando.]

OVOS MEXIDOS

(Este prato não é muito econômico, mas é nutritivo e agradável o suficiente para uma ostentação ocasional)

- 8 ovos frescos
- 250 g de creme gordo... ou mais

[... sim, belos ovos frescos e creme de leite... e, contudo, produzi algo muito bom com ovos da esquina cansados e leite evaporado diluído, garantido o tempo que é, dizem-me, a essência.]

- sal e pimenta-do-reino moída na hora
- queijo ralado, ervas e outras coisas mais, se quiser

Quebre os ovos numa frigideira de ferro fria. Despeje o creme e mexa calmamente até que tudo fique misturado, mas não mais que isso. Nunca bata. Aqueça muito devagar, misturando a partir do meio em grandes coágulos, tão espaçadamente quanto possível. Nunca deixe borbulhar. Adicione os temperos na última ou penúltima mistura.

Isso leva talvez meia hora. Não se pode apressar.

Sirva sobre torradas, quando acabou de firmar. Para acrescentar ervas, queijo ou cogumelos (ou fígado de galinha, e assim por diante), faça-o quando os ovos estiverem na metade do processo.

É triste o homem que diz que ovos servem somente para o desjejum, quando podem ser servidos desse e de outros incontáveis modos. Ele talvez seja tão inocente quanto um ovo recém-posto, e inconsciente dos muitos disfarces, para não mencionar os convites e estratagemas ardilosos, que podem tentá-lo, e ao ovo também. Deixemos então que ele medite e se, sensatamente ou não, escolher entre todas as formas possíveis um ovo fresco num copo, com algumas gotas de sumo de limão, pimenta e qualquer outro tempero à mão, e chamá-lo de Ostra,* só nos resta esperar que ele tenha bebido bem na noite anterior e dormido o sono dos satisfeitos, se não o dos justos.

* [A combinação de um ovo fresco e cru, uma pitada de molho Worcestershire, um banho de uísque ou conhaque e uma finalização opcional de tabasco-ou--Evangeline-ou-*salsa picante* (nessa ordem de progressão infernal); isso representa para muitos beberrões habituais o Último Recurso da manhã seguinte. Não tanto para mim. É frequente eu preparar um desses quando preciso fazer algo de que não gosto: ir ao dentista, digamos... Estou loucamente apaixonada pelo meu, de uma maneira moderada, desde os meus dezenove anos, mas ainda preciso de uma Ostra da Pradaria para ser capaz de ir ao seu consultório.]

Como se manter vivo

Apetite, um lobo universal.

Shakespeare

Há momentos em que dicas úteis sobre desligar o gás quando não está em uso são ridículas, porque o gás foi desligado permanentemente, ou até que você pague a conta. E você não se importa em conhecer o truque de manter pão fresco pondo uma maçã cortada na embalagem do pão, porque não tem pão nenhum e muito menos uma maçã, cortada ou inteira. E não faz sentido planejar economizar o suco de legumes enlatados, porque eles e, portanto, seus sucos não existem.

Em outras palavras, o lobo fincou firmemente uma pata no que parece ser uma rachadura crescente na porta. Vamos assumir que a situação, embora desconfortável, é definitivamente temporária e pode ser tolerada.

A primeira coisa a fazer, se você não tem dinheiro, é pedir algum emprestado. Cinquenta centavos serão suficientes e devem durar de três dias a uma semana, dependendo de quão luxuosos são seus gostos. [Como isso soa sinistramente ridículo nos dias de hoje!] (O dr. Horace Fletcher, que acreditava que mascar a comida até ela desaparecer ajudava a evitar a senilidade, o apodrecimento dos dentes, dores de estômago e vários outros fenômenos também fastidiosos, viveu durante anos com onze centavos por dia. E conheço um homem que passou dois anos na faculdade com menos do que isso, exceto que ele trapaceava ocasionalmente.)

Assim que conseguir os cinquenta centavos, procure uma alma gentil que o deixe usar um fogão, um moedor de alimentos [qualquer variação razoável do que agora é chamado de "passador de legumes" é útil, para fazer purê de legumes e outras coisas... exceto se aquela textura "mascada" for tão desagradável para você quanto é para mim...] e um caldeirão... o primeiro por cerca de três horas e o último por quanto tempo você tiver comida. Se precisar pagar pelo fogão, custará provavelmente dez centavos pelo gás ou pela eletricidade. Isso o deixa com quarenta centavos.

Você pode fazer um suprimento semanal sem carne, ou de cerca de quatro dias com carne. Digamos que escolheu ser luculiana: compre então em torno de quinze centavos de carne moída num açougue respeitável. (Assegure-se de que é carne e não o que é chamado de maneira não muito eufônica de "hambúrguer".) Essa quantidade de carne terá poucas qualidades nutritivas, mas produzirá um gosto bom, e sua gordura a estimulará e ajudará a mantê-la aquecida. [Qualquer lugar por aqui é adequado para meu comentário sincero de que tudo isso parece tolo e desagradável mas é basicamente uma sugestão exequível, supondo-se um bom senso razoável e um certo desespero, ambos ditados pelo atual Estado de Guerra... contra o lobo ou o nosso semelhante.]

Compre cerca de dez centavos de cereal integral moído. Quase todas as mercearias grandes vendem isso a granel. A cor é amarronzada, a textura é áspera e farinhenta e tem um cheiro agradável de nozes e amido.

Gaste o resto do dinheiro em verduras e legumes. Compre-os em um mercado grande que quase com certeza tem um balcão de coisas levemente murchas do dia anterior. Ou então compre as verduras grandes, feias e ásperas em qualquer lugar. Se você o conhece e ele gosta de você, o comerciante se sentirá apaixonadamente interessado em seu bem-estar e o ajudará a economizar como se você fosse filho dele, para diversão de ambos.

Pegue 1 maço de cenouras, 2 cebolas, um pouco de aipo e 1 repolho pequeno ou as folhas externas mais grosseiras de um repolho maior que seriam desprezadas. Não tem importância se elas estiverem um pouco danificadas: você vai lavá-las e moê-las, transformando-as numa cheirosa mas irreconhecível maçaroca.

As outras hortaliças dependem de quanto dinheiro sobrou, da estação do ano ou da sua vontade. Abobrinhas são boas, e tomates, claro. Vagens são legais. Dificilmente haverá excesso de aipo, se você gosta dele. Um dente de alho é altamente recomendável... se você gosta. Nabos são muito fortes, e beterrabas — é evidente — transformarão tudo numa horrenda e asquerosa gororoba cor-de-rosa e vermelho-rubra [... e por fim cinza]. Batatas são inúteis; o cereal cuida de qualquer necessidade de amido, bem como do volume.

Reúna as hortaliças que conseguiu. Triture-as todas dentro de uma panela. Ponha a carne moída. Cubra a coisa com o que parece ser água demais. Leve para ferver, deixe cozinhar por cerca de uma hora e adicione, mexendo, o cereal. Misture bem e cozinhe muito lentamente por mais duas horas, ou mais ainda, se possível. Deixe esfriar e mantenha em lugar fresco (o porão, no verão, se não tem geladeira nem emprestada).

Você pode comer isso frio sem sofrer muito, se suas necessidades são puramente animais e administráveis, mas se puder aquecer o que quiser comer duas ou três vezes por dia, o gosto será quase com certeza muito melhor. (Um pouco da coisa cortada em fatias e frita como polenta é absolutamente delicioso, mas, é óbvio, isso o coloca na classe de luxo, com a gordura e o fogo de que vai precisar.)

É evidente até para o mais otimista que essa maçaroca, que deve ficar parecida com uma polenta fria e sólida, de cor marrom-acinzentada um tanto desagradável, serve tão só para a fome. [Um modo de torná-la mais bonita, gastronomicamente, é dourar a carne em um punhado de farinha, deixando-a com uma bela cor castanha. Outra é usar uma dose do velho e querido Kitchen Bouquet, perto do fim da cocção, mas quando ainda é possível misturá-lo bem na adequadamente chamada Maçaroca.] É funcional, de fato: uma resposta enxuta para o problema premente de como viver da melhor maneira possível com a menor quantia de dinheiro. Sei, por alguma experiência, que isso pode ser feito com base nessa fórmula, que contém suficientes vitaminas, sais minerais e tudo o mais necessário para manter um profissional dos músculos, uma dançarina, ou mesmo um professor universitário, com boa saúde e espírito equivalente.

O principal problema da maçaroca, como de qualquer dieta completamente simples e obrigatória, é a monotonia. Aquela deve então ser considerada como um meio para um fim, como a gasolina etílica, que jamais dará muita satisfação estética ao seu comprador ou ao automóvel mas que quase com certeza fará o carro andar bem.

"Quando a comida não é apetitosa, cai no estômago como chumbo", decidiu, em 1913, um gastrônomo americano chamado Henry Finck. A ideia não era original, mas é boa e torna mais óbvio do que nunca que essa fórmula Abaixo-o-Lobo poderia com muita facilidade cair como chumbo, exceto se você precisa realmente dela.

Então, se tivesse de escolher entre ela e a fome, com suas inevitáveis sequelas de fadiga, dentes ruins, cabelos sem brilho e rugas, você a comeria três vezes ao dia enquanto durasse a emergência e talvez até extraísse uma certa satisfação estética de seu bom senso, se não da própria comida.

É claro que se desenvolveram outros sistemas de viver com pouco, e, por algum tempo pelo menos, mostraram-se razoavelmente bem-sucedidos. Uma mãe de cinco crianças em idade de crescimento alimentou-as, ao pai delas e a si mesma, durante o que ainda se chama de Depressão, com algo em torno de cinco dólares por mês no período de cinco meses. Ela chegou a escrever um livro sobre isso, ilustrado com uma fotografia familiar do que parecia ser gente um pouco acima do peso. [A aparência gorda de gente morrendo de fome é ainda mais familiar agora do que em 1942, infelizmente.]

Tenho pensado nela e em seu sistema às vezes, e gostaria de ver, com espírito tenuemente masoquista, o que cinco anos, em lugar de cinco meses, de legumes farináceos, espaguetes e pães baratos fariam com os dentes e entranhas de suas crias. De acordo com a maioria dos nutricionistas, o resultado não seria tão engraçadinho. [Conheço um menino que era adolescente durante os meses mais magros da ocupação na Borgonha e agora é alto demais e bastante apático. E uma menina, adolescente agora e então um bebê feliz, é muito mais mal-humorada e voraz do que sua idade justificaria.]

O meu conhecido que viveu durante dois anos com cerca de sete centavos por dia (isso foi no início dos anos 1930 na Universidade da Califórnia) ainda é uma figura bem-apessoada, alta, magra e inteira... pelo menos fisicamente. (Espiritualmente, ele é um discípulo de Henry Miller, o que, aos olhos de algumas pessoas, é uma forma de doença.) Um estômago vazio talvez não seja um bom conselheiro literário, para citar erradamente a observação de Einstein sobre fome e política. [Acho que os parênteses do comentário cultural espontâneo deveriam ser fechados aqui e não acima. Ele ainda é válido, segundo alguns críticos.]

Sua fórmula era simples, mas como disse antes, trapaceava de vez em quando.

Ele comprava trigo integral moído numa loja de rações e grãos, cozinhava-o lentamente em um caldeirão até ficar macio e comia-o três vezes por dia com um galão semanal de leite obtido numa leiteria que vendia com desconto. Quase todos os dias, roubava uma fruta da carrocinha de um vendedor ambulante chinês próximo de seu quarto. (Depois de formado, mandou ao dono da carrocinha uma nota de dez dólares e recebeu quatro de troco, com um bilhete simpático convidando-o para uma festa de Ano--Novo na Chinatown de San Francisco. Ele foi.)

A cada três semanas mais ou menos, trabalhava como garçom em grêmios e outras orgias estudantis do tipo. Sempre levava uma cesta e uma corda, e em algum momento da noite baixava para o beco uma surpreendente coleção de pãezinhos, manteiga, azeitonas, tortas e até frango ou carne. Depois de uma ou duas experiências tristes com gatos, que achavam a cesta antes dele, aprendeu a fechá-la bem contra piratas e corria de volta para seu quarto com o butim assim que os garçons eram dispensados.

Confessou muito mais tarde que a comida nunca era gostosa e que era sempre um alívio voltar para o trigo fervido e o leite, mas que durante dois anos engoliu aquelas bolorentas migalhas roubadas como se fossem sua única ligação com *la gourmandise.*

Teve sorte pelo modo que escolheu de manter-se vivo combinar com suas entranhas, se não completamente com os instintos dele de gourmet. A mulher que alimentou a família com amido cozido durante cinco meses talvez também tenha tido sorte; ao menos, manteve-os vivos, o que é supostamente o paraíso para mães verdadeiras. Quanto a mim, escolherei minha mistura peculiar de verduras, carne e cereais se for necessário, pois como o estudante, a mãe e todos os outros seres humanos, acho que meu sistema é o melhor... até que outro melhor me ocorra. [Isso ainda não aconteceu. Acredito mais do que nunca em leite fresco cru, cereais integrais recém-moídos e verduras plantadas em solo cultivado organicamente. Se devo comer carnes, quero-as de animais alimentados com plantas do mesmo tipo de solo. Quanto aos peixes... podem escolher seu próprio modo de vida em minha gastronomia, exceto se a interrompermos com átomos fissionados.]

E para todos nós, devo dizer, com o sábio Esopo: "Você pôs sua cabeça dentro da boca do lobo e tirou-a em segurança. Isso deve ser recompensa suficiente para você".

Como levantar como pão fresco

"Senhor Jesus Cristo, tende piedade e salvai-me! Deixai-me dormir como uma pedra, ó Deus, e levantar como pão fresco", rezou Platão, e virando-se, dormiu em seguida.

Tolstói, *Guerra e paz*

Durante anos você teve de ser uma voz clamando no deserto [agora comparativamente lotado de gente, graças a Deus] para ousar dizer alguma coisa contra a irrisão de nosso sustento, e agora, quando a guerra e talvez uma sensibilidade crescente nos fizeram pensar mais sobre as vitaminas e sua relação com dentes ruins, nervos sobressaltados e coisas do tipo, ainda toleramos o pão estúpido deste país. [É verdade, apesar da nota de otimismo logo acima.]

Os jornais contam, com permissão do governo, que o trigo que custa cinco centavos a libra é "refinado" até ficar não só insípido, mas quase sem valor nutritivo, e que o germe de trigo assim removido é então vendido por pelo menos um dólar e meio e, no final, posto de volta no pão, para que possa ser vendido por um pouco mais que o pão comum e chamado de "supervitaminado", ou "energizado", ou coisa parecida.

O Ministério dos Alimentos da Inglaterra, desde o início da Segunda Guerra, vem tentando levar seus súditos a comprar pães de trigo integral, em vez da coisa pálida e emasculada vendida pelas padarias. Ao que parece, o esnobismo de classe venceu uma vez mais o bom senso, pois por mais provas que o Ministério apresente de que as consequências de se comer pão branco são dentes estragados, vista ruim, coluna fraca, fadiga, os ingleses continuam se nutrindo do que durante décadas significou refinamento e "bom gosto", socialmente se não gastronomicamente. [Na Suíça, pelo menos quando morei lá, todas as padarias devem fazer uma fornada diária de "pão da fórmula federal", de acordo com a produção total de cada uma. François, meu empregado, sempre ficava embaraçado por ter de comprar para mim o produto escuro, úmido e com gosto de nozes em vez dos pães mais pálidos e suaves.]

Aqui somos talvez menos teimosos, uma vez que várias nacionalidades, trazidas principalmente das classes mais baixas, nos compõem, e em quase todas as vilas de tamanho decente de nosso país há um padeiro da Hungria, da Polônia ou da França que pode fazer e ainda faz seus pães redondos, cheirosos e saudáveis.

Em toda cidade grande, existe um bom número de restaurantes, muitos dos quais kosher, que oferecem em cada mesa cestos com vários tipos de pão, e os pães são tão bons, tão escuros, crocantes e saborosos que os garçons têm de pular miudinho para manter os cestos cheios, sejam os clientes judeus ou gentios.

E apesar disso, e do que parece uma inata e crescente fome de pão decente, continuamos a comprar monstruosidades embaladas que mentem, todas fatiadas e sem gosto, nos balcões de pão de toda a nação, e depois gastar dinheiro e mais dinheiro em pílulas contendo as vitaminas que foram removidas do trigo a um alto custo. [Hoje, com uma greve dos padeiros, o único pão em minha mercearia veio de um pequeno fabricante franco-italiano. Jaziam empilhados, inteiros, desembrulhados, cheirosos, e todas as donas de casa olhavam estupidamente para eles e perguntavam, quase às lágrimas: "Mas onde está o pão de *sanduíche*?".]

É uma vergonha total.

Ultimamente, talvez em razão da propaganda, que parece tão contraditória, tem sido mais fácil comprar pão com um pouco de gosto, desde que você tenha superado sua desconfiança quanto às fatias grossas e caprichadas e às embalagens transparentes. Tem sido possível obter pão rústico uma vez por semana em algumas mercearias: uma pálida amostra do velho pão que deixava as narinas excitadas, mas, pelo menos, um esforço na direção certa.

É difícil não ficar impaciente com nossa lentidão. Às vezes, quando passa diante de uma pequena fábrica na parte "estrangeira" de uma cidade, e sente o cheiro honesto e atraente de pão de verdade no forno, você lembra uma parte de sua infância e sente a impotência de criança perante a aceitação cautelosa por toda uma nação de sua própria simplicidade. É duro para nós, depois de anos tentando ser pretensiosos e refinados, admitir que cortinas suntuosas na sala de visitas e pão branco pálido não são nosso prato de maneira nenhuma.

Talvez esta guerra torne mais simples para nós voltar a alguns dos velhos hábitos que conhecíamos antes de vir para esta terra e fazer a América. Talvez lembremos até como se faz um bom pão novamente.

Não custa muito. [Custa mais do que a coisa comum dos supermercados. Mas é um investimento saudável, pelo menos de vez em quando.] É prazeroso: um daqueles negócios quase hipnóticos, como uma dança de uma cerimônia antiga. Você fica cheia de paz e a casa cheia de um dos cheiros mais deliciosos do mundo.

Mas demora bastante. Se você encontrar tempo, o resto é fácil. E se não conseguir encontrá-lo, invente-o, pois não há provavelmente tratamento quiroprático, exercício de ioga, hora de meditação que a deixe mais vazia de pensamentos ruins do que a cerimônia caseira de fazer pão.

Você deve ter quatro fôrmas de pão, que podem ser compradas geralmente num bricabraque, se uma parenta sua não as tiver, enfiadas num quarto de despejo. [Eu tinha quatro de minha avó materna: uma boa amiga libertou duas em silêncio, e uma inimiga as restantes. Ainda tenho as fôrmas de bolinhos pretas de ferro fundido da vovó e *pretendo conservá-las*. Não faço bolinhos há anos, mas quando fizer, preciso daquelas fôrmas e de nenhuma outra.] Você pode até comprar as de vidro, que são muito boas embora menos românticas. E vai precisar também de uma tigela grande.

Dados esses acessórios, então, e um forno em que caibam as quatro fôrmas, você pode partir com segurança para o que pode ser, ao menos na primeira vez, uma experiência angustiosamente divertida mas que levará quase com certeza a muitos momentos mais calmos e pacíficos.

PÃO BRANCO

- 4 xícaras (1 litro) de leite
- ¼ de xícara de açúcar
- 4 colheres (chá) de sal
- 2 colheres de gordura
- 1 tablete de fermento, ou 1 pacote de fermento granulado seco
- ¼ de xícara de água morna
- 12 xícaras de farinha de trigo peneirada (aproximadamente)

A partir daqui, quando você reúne pela primeira vez os ingredientes, a dança começa. Ela deve ser ensaiada algumas vezes, provavelmente, mas sei que pode ser realizada com fluência surpreendente, embora um tanto frenética, da primeira vez.

Primeiro escalde o leite. Então adicione o açúcar, o sal e a gordura, e deixe tudo esfriar até ficar morno. Acrescente então o fermento, que foi amolecido em água tépida.

Comece a misturar lenta e uniformemente a farinha. Quando a massa estiver dura o bastante para ser manipulada com facilidade, abra-a sobre uma mesa levemente enfarinhada e amasse-a até ficar lisa e lustrosa.

Amassar o pão significa pressioná-lo ritmicamente com as palmas e os dedos de cada mão, num movimento suave de vaivém, virando a massa sobre si mesma a cada empurrão, dobrando-a de leve, empurrando, pressionando. É um ritmo calmante, musical. Em oito ou dez minutos, quando a massa parecer lisa como seda, você pode parar.

Dê então a forma de uma bola lisa à massa e ponha-a numa tigela levemente untada. [Prefiro manteiga sem sal ou óleo virgem de amendoim, sempre que indico gordura. Mas, segundo os usos do pão, qualquer gordura boa pode ser utilizada, de bacon a ganso.] Pincele a superfície rapidamente com gordura derretida, cubra com uma tampa ou pano grosso e deixe crescer em local quente até que tenha dobrado de volume. De um dia para o outro é mais fácil. Se você pressionar a massa suavemente com o dedo e ficar um buraco, está leve o bastante.

Soque a massa com o punho cerrado até onde puder. Dobre as bordas para dentro do furo que fez e vire a bola com o lado liso para cima. Cubra e deixe crescer novamente.

Quando estiver leve o suficiente para ficar com a impressão de seu dedo, soque-a de novo. Divida então a massa em 4 partes iguais com uma faca afiada e arredonde cada parte levemente. Cubra-as bem e deixe descansar por cerca de quinze minutos.

Molde então cada pão achatando, dobrando, esticando e enrolando e esticando e dobrando até que caiba facilmente numa fôrma untada, com a última linha de junção embaixo e uma parte de cima lisa e firme. [Um tenente-coronel de licença por ter sofrido uma crise de nervos acalmava-se fazendo pão para os amigos e criou um pão achatado porém maravilhoso que chamamos de Velho Testamento, feito de farinha moída em mó de pedra. Ele punha cerca de três deles numa grande fôrma de biscoitos. Eram verdadeiramente bíblicos e deixavam claro o significado de "repartir o pão".]

Pincele a parte de cima com gordura derretida e deixe crescer em local quente até que eles tenham dobrado de volume. Asse então em forno moderadamente quente (200°C a 220°C) durante 40 a 45 minutos.

Quando os pães estiverem dourados, tire-os da fôrma e ponha em alguma prateleira para esfriar.

Você pode olhar para eles, mesmo na primeira vez, com um orgulho quase místico e sentimento de prazer. Você ficará sabendo, enquanto sente o cheiro deles e lembra a estranha solidez fria da massa intumescendo em torno de seu pulso ao bater nela, o que as pessoas souberam durante séculos sobre a santidade do pão. Você compreenderá por que certos homens simples, em séculos passados, costumavam pedir desculpas ao pão familiar se por acidente o deixavam cair no chão.

Há uma outra receita boa de pão, que talvez lhe interesse o suficiente para experimentar:

PÃO QUENTE

- ½ litro de leite
- 1 batata fervida
- 1 ½ colher de banha
- 1 colher de açúcar
- 1 tablete de fermento
- 1 colher (chá) de sal
- farinha de trigo

Amasse a batata e bata até clarear. Depois de ferver o leite, adicione a batata, a banha, o açúcar e o sal. Quando a mistura estiver morna, acrescente o fermento dissolvido em um pouco da água da batata.

Peneire na mistura farinha suficiente para tornar a massa macia e manipulável. Então amasse bem, ponha numa tigela grande e deixe em local quente para crescer durante a noite.

Na manhã seguinte, deite a massa sobre uma tábua ou mesa enfarinhada e amasse por dois ou três minutos. Faça um pão redondo e coloque em um balde de banha untado. Deixe crescer durante duas horas e asse em forno moderado até que se forme uma fina crosta dourada.

Esta receita um tanto antiquada é de um velho livro de cozinha da Virgínia, e eu, pelo menos, ignoro como seja um balde de banha. Isso me lembra do que um francês me contou sobre o pão que era assado em sua casa quando ele era pequeno. Punham-no sempre em vasos de argila limpos, ele disse! Tem um sabor adocicado e fresco que nenhum outro pão jamais poderia ter... e: "Experimente, você verá! Pode fazer pãezinhos pequenos para cada pessoa, e a argila lavada e limpa mudará seu pão de uma maneira que você nunca pensou que uma coisa feita pelo homem poderia ousar fazer!". [Quase perdi uma amiga com esse truque: aparentemente, ela foi muito econômica na manteiga com que untou a argila, ou a argila não estava úmida o suficiente para começar... Os pães grudaram. Ela já me perdoou, e me traz pão fresco e quente embrulhado, como deve ser, em um guardanapo de linho esfarrapado e limpo.]

E eis a receita de:

PÃO DE BALDE RÁPIDO DE ADDIE

- 1 tablete de fermento fresco
- 1 xícara de água morna
- 3 colheres de gordura
- 1 litro de leite integral
- 1 ½ colher (chá) de sal
- 3 colheres de açúcar
- 10 a 12 xícaras de farinha
- gordura, manteiga

Dissolva o fermento na água. Derreta a gordura no leite, mas não deixe ferver. Combine as duas misturas líquidas numa tigela grande. Em outra tigela grande ou caldeirão peneire sal, açúcar e farinha misturados. Despeje o líquido gradualmente na farinha, misturando bem, e quando possível amasse até ficar liso. Ponha a massa numa fôrma bastante untada, cubra com um guardanapo ou toalha limpa e deixe descansar em local quente até que dobre de tamanho.

Amasse de leve e deixe crescer mais uma vez (cerca de 3 ½ horas no total). Faça os pães (Addie corta a massa em pedaços com uma faca afiada e depois bate nela como se fosse um menino mau... mas qualquer receita recomenda esse procedimento, embora menos vigoroso), ponha-os em fôrmas bem untadas e asse a 175°C durante cerca de uma hora. Pincele manteiga neles quando começarem a dourar e novamente quando os pães forem removidos das fôrmas.

Esse pão fica bom em fôrmas comuns, mas Addie usa latas de café de ½ quilo (ou de 1 quilo). Uma bola de massa no fundo delas fará um pão cerca de quatro vezes mais alto, uma coisa deliciosa, um pouco amanteigada, leve e cheirosa, ótima para torradas, sanduíches, ovos cozidos na água ou pseudobeneditinos ou ou ou... As crianças adoram sua redondeza.

E além da curiosa praticidade das fôrmas, a receita é valiosa, penso eu, porque produz um pão excelente num tempo muito mais curto do que a maioria dos cozinheiros considerará possível.

Mas sejam vasos de flores, modernas fôrmas de vidro ou velhos baldes de banha sulistas, ou até latas de café, há sempre recipientes para o pão crescer e ser assado. Por que isso? Por que você não pode fazer o tipo de pão redondo, talvez com uma cruz riscada em cima, que costumava ver pela fresta de uma porta de porão quando voltava tarde do teatro para casa na França? O filho do padeiro, com o rosto esbranquiçado e farinha nas sobrancelhas, nos poros e, provavelmente, nos pulmões, enfiava-o com segurança e intensidade no fogo do forno aberto. Estava nu, como uma mulher de ancas firmes, sem o benefício de cintas com fios metálicos. Depois de mais ou menos uma hora, saía pronto para o café da manhã seguinte, redondo e todo dourado, cheio de um honrado sabor. Era pão bom, e você pode fazê-lo.

Esqueça as fatias estéreis e pesadas que saltam melancólicas de 3 milhões de torradeiras automáticas todas as manhãs [Por que digo 3, então como agora? Também tenho uma, o que perfaz pelo menos 3 milhões e uma, e detesto tudo o que se relaciona com ela, exceto uma rara fatia de pão que pareça em conjunção com o funcionamento do robô dentro dela e salte corretamente dourada, corretamente crocante.] e, em vez disso, corte uma fatia do pão que você viu misteriosamente crescer e aumentar e cair e dobrar em suas mãos. Terá um cheiro melhor e um gosto melhor do que qualquer coisa que você lembre ter cheirado ou provado e a levará a se sentir, por uma vez ao menos, renascida num mundo melhor do que este muitas vezes parece.

Como ficar bem-disposto embora faminto

A obsessão de questões econômicas é tão local e transitória quanto repulsiva e perturbadora.
Richard Henry Tawney, *A sociedade aquisitiva*

Quando você está realmente com fome, uma refeição solitária é menos um acontecimento do que a realização automática de uma função física: você deve fazê-la para viver. [Agora discordo por completo disso e poderia escrever — e provavelmente o farei — um livro inteiro provando minha posição atual de que comer sozinho, não importa o grau de fome, pode ser bom.] Mas quando você compartilha a refeição com um ou dois seres humanos, ou mesmo com um animal respeitado, ela se torna digna. De repente, faz parte da antiga solenidade religiosa do Repartir o Pão, do Compartilhar o Sal. Não importa quão faminto você está ou quão terrível é a impaciência de seus dedos para agarrar a comida, o fato de não estar sozinho torna mais claros os sabores e possível uma certa lentidão filosófica.

E fica bem comer devagar: a comida parece mais farta, provavelmente porque dura mais.

Há muitas maneiras de fazer um pouco parecer mais. Elas foram seguidas, mudadas e reinventadas durante 10 mil anos, com pequena perda de dignidade para a humanidade. Com efeito, às vezes o fato mesmo de adotá-las é motivo de admiração, devido às pessoas que são pobres e se recusam a ficar obcecadas por esse fato enquanto ele não se tornar "repulsivo e perturbador".

Com efeito, é necessária uma certa quantidade de inteligência nativa para enfrentar com graça o problema de ter o lobo acampado com aparente permanência na sua soleira. Isso pode ser desgastante, e até fingir que se ignora sua presença supõe um tipo de monotonia perigosa.

Para quem se esquiva do lobo, a boa saúde é provavelmente um dos meios mais importantes para despistá-lo. Nada parece particularmente sombrio se sua cabeça está clara, seus dentes limpos [A pasta de dentes contém agora clorofila. Os animais ainda mascam capim.] e seus intestinos funcionam de maneira adequada.

Outra coisa que torna suportável o pensamento diário, de hora em hora, sobre recursos é ser capaz de compartilhá-lo com alguém. Isso não significa — digo isso enfaticamente — compartilhar a ansiedade, a preocupação e a irritação. Significa ser amistoso com outro ser humano que compreende, talvez sem que seja preciso falar, os problemas de nutrição básica que você está enfrentando. [Isso ainda está em vigor, como dizem meus amigos advogados. É a condição a ser desejada com mais devoção. Porém, os anos ensinaram-me acomodações, como fazem com todas as criaturas.] Estabelecida uma relação desse tipo, seus pensamentos obscuros somem, e o problema de como fazer uma panela de ensopado durar três refeições a mais parece menos um pesadelo do que uma forma de diversão sensual.

Houve uma pessoa, no entanto, que fez parte de minha formação e que recusava todas as minhas tentativas de criar regras para driblar a fome com êxito; fazia isso com tal graça que eu pensava com frequência nela como se ela fosse um sonho.

Seu nome era Sue. Tinha um corpo delicado... não doente, mas jamais bem, da maneira que a maioria das pessoas está bem. Ela adejava pela vida como uma mariposa, atordoada pelos ardores da luz do sol, mas conduzindo-se com prudente segurança, de tal modo que raramente se chocava contra portas fechadas ou batia seus ossos magros em cantos afiados de mesas.

Ela era, mais que qualquer pessoa que conheci, completamente sozinha. Era impossível pensar que tivesse qualquer contato mais passional com outros seres humanos do que o que tinha nos jantares ocasionais que oferecia. O fato de que devia ter sido jovem outrora não mudava sua distância atual: não era possível vê-la mais calorosa aos dezessete do que aos setenta.

Mas sua atitude impessoal e reservada não a tornava menos delicadamente robusta. Ela adorava comer e, aparentemente, adorava, de vez em quando, comer com outras pessoas. Seus jantares eram lendários. Isso dependia, é claro, de quem contava sobre eles: às vezes, eram apenas estranhos, ou mesmo engraçados, e às vezes pareciam algo saído de uma véspera do Dia de Reis do sul da Califórnia, com jogos estranhos e festejos semelhantes à bruxaria.

Sue vivia numa pequena casa vítima do mau tempo, situada sobre um rochedo também castigado pelas intempéries. Ao entrar na casa, tinha-se a impressão de que estava vazia, mas logo se percebia que, como todas as moradias de gente idosa e sozinha, estava cheia de mil relíquias dos anos mais abundantes. Havia almofadas incrivelmente encardidas e cheias de caroços em que Whistler sentara e uma cadeira Phyfe que fora desmontada por um chute de Oscar Wilde numa noite tormentosa. Estava presa com elásticos e, naturalmente, não devia ser usada como cadeira, e sim como um altar tratado sem cerimônia mas importante.

Em sua casa, jantava-se à luz de uma vela, não importava se fossem dois ou oito à mesa. Isso parecia intensamente romântico para os jovens americanos, mas era porque ela não tinha recursos para mais velas, nem para eletricidade.

As paredes, cobertas com desenhos de terceira feitos por homens de primeira e uns poucos de primeira feitos pela quase desconhecida Sue, emergiam gradualmente da escuridão desbotada. Havia um odor subjacente, delicado como morte prematura, de idade e decadência.

O cheiro principal, contudo, era bom. Jamais tinha a energia direta de carne assada (embora eu lembre de uma vez, em que talvez estivesse meio abatida, que Sue foi contra seu costume e pôs um pequenino pedaço de fígado cozido em meu prato, dizendo: "Agora, quero que você tente comer *tudo* isso!". Não era maior que a nota de um dólar, e cortei-o em pelo menos doze pedacinhos, numa espécie de admiração reverente).

Havia sempre o perfume misterioso e estimulante de ervas maceradas, colhidas frescas do emaranhado de plantas em torno da choupana. Sue transformava-as em salada.

Então havia usualmente sálvia, que ela utilizava como um turco ou armênio em quase tudo o que entrava em sua panela. Colhia-a nos morros e secava-a em maços acima do fogão; apesar dos patrulheiros gastronômicos que hoje lamentam que a sálvia da Califórnia tem gosto de terebintina, a dela jamais tinha. Conhecia apenas uma centena de tipos, confessava ela calmamente; alguém lhe dissera que, nos morros atrás da vila, havia pelo menos cinquenta outros.

Sue tinha somente alguns pratos e nenhuma faca. Comia-se tudo de um grande prato de sopa Spode, mas nunca parecia sujo. E as facas eram desnecessárias, pois não havia nada para cortar.

Tanto quanto lembro agora, toda a sua cozinha era oriental. Havia pequenas tigelas de folhas cortadas frescas e cozidas. Havia ervas frescas e secas, que ela colhera nos campos. Havia a tigela de arroz comum (ou batatas, que Sue provavelmente roubara na noite anterior de algum canteiro cânion acima). Havia chá, sempre. Havia, ocasionalmente, um ovo fresco, que também era roubado, sem dúvida, e que Sue punha sempre no bule de chá para esquentar e depois quebrar sobre o maior prato de comida.

Jamais comi coisas tão estranhas como naquela sala escura e morrinhenta, com as ondas batendo na base do rochedo e a almofada de tafetá marrom de Whistler marcando lentamente minhas costas. As pessoas diziam que Sue roubava latas de lixo à noite. É claro que não fazia isso. Mas realmente esvoaçava pelas redondezas, pegando folhas de outros quintais e vagando como a Lolly Willowes de Laguna pelos rochedos e pelas praias, procurando na luz da noite espinafre-do-mar e folha-de-gelo cor-de-rosa. [Há muito tempo que os rochedos foram cobertos por casas de campo e as ervas silvestres desapareceram. Ainda sinto o gosto e o cheiro delas em minha memória, e sinto as gotas frias e aglutinadas das folhas e pétalas da folha-de-gelo.]

As saladas e ensopados que ela fazia com essas pequenas plantas tímidas eram realmente peculiares, mas misturava-as e cozinhava-as com tanta habilidade que jamais perdiam sua frescura salgada. Combinava-as com atenção e gratidão, e nunca parecia perceber que sua cozinha tinha uma intensa estranheza romântica para todos, menos para ela. Duvido que gastasse mais de cinquenta dólares por ano com o que ela e seus enlevados convivas comiam, porém da maneira abstraída e graciosa que ela oferecia um prato de sopa cheio de folhas fatiadas de cacto, bagas de limão e algas secas e esfareladas, poderiam ser muito bem hortulanas recheadas. Além do mais, era bom.

Duvido muito que outra pessoa que não Sue pudesse tornar aquilo bom. Poucos seres humanos conhecem o segredo das ervas como ela conhecia... ou, se conhecem, podem usá-las de modo tão *nonchalant*.

Mas qualquer um, com inteligência, espírito e o conhecimento do que é preciso fazer, pode viver com seu inspirado olvido da feiura da pobreza. Não se trata do fato de que perambulasse à noite em busca de folhas e bagas, e sim de que se preocupava o suficiente para convidar os amigos a compartilhar sua colheita e que podia servi-la, para si mesma ou para uma dúzia de convidados, com a segurança de que estava certa.

Sue não tinha saúde nem companhia para confortá-la e aquecê-la, contudo alimentou a si e a muitas outras pessoas durante muitos anos, com sua silenciosa suposição [isso é muito importante] de que a necessidade de comida do homem não é uma obsessão sombria, repulsiva, perturbadora, mas uma função dignificada e até aprazível. Sua nutrição era mais do que da carne, não graças a sua estranheza, mas graças a sua calma. [E isso também é muito importante.]

Como trinchar o lobo

Os pudins de carne devem ser servidos entre os meses de setembro e abril; durante os meses sem R, as tortas de carne devem substituí-los.

Le Vicomte de Mauduit

[É pouco lisonjeiro mas afortunado que ninguém nunca tenha me perguntado qual a diferença entre uma torta e um pudim de carne. Será que eu realmente sei?]

1

Durante várias semanas antes de a França cair, jornais de Paris tão diferentes quanto *Le Temps* e *L'Intransigeant* publicaram cartas iradas e lastimosas de chefs antiquados prevendo que algo terrível aconteceria a todo o país, a não ser que os jovens esquecessem a nova mania por esportes e bifes grelhados com agrião e voltassem inteligentemente à rica *cuisine des sauces* de seus pais.

Esse apetite chocante não somente estava levando os próprios chefs para o asilo, como era antifrancês. Revelava uma falta grosseira de espírito nacional, uma traição de tudo o que havia de melhor na cultura gaulesa, pedir um Chauteaubriand (*saignant*) num restaurante decente quando se podia facilmente pedir um pequeno pombo habilmente cozido com vinho tinto e trufas e isso e aquilo e cogumelos talvez... e muitos temperos... e um ou dois tipos de gordura... e talvez regado com um pouco de grapa ou conhaque no fim.

O que os chefs diriam agora, se pudessem, jamais saberemos. Os moços e moças que comiam bifes grelhados em suas roupas esportivas no Café de Paris são um segredo tão grande quanto o próprio Café de Paris. Fantasmas dos grandes restaurantes e seus cozinheiros podem reclamar que a falta de espírito e finesse traiu o velho tanto quanto o não nascido; fantasmas dos jovens podem responder que riqueza e sutileza não passavam de fosforescência sobre a cultura decadente que Carême e Vatel e todos os outros mestres lhes legaram.

Fantasmas não se preocupam com lobos. Os efeitos psicológicos de bifes grelhados ou com molhos sobre o temperamento de uma nação não podem ter muita importância atualmente, ou pelo menos preferimos pensar assim. [Quando cozinho para carnívoros, minha verdadeira saudação para eles é um filé-mignon de cerca de 1,8 kg. Deixo-o numa marinada de alho, metade azeite de oliva, metade molho de soja. Asso-o durante meia hora em forno bem quente. Corto em fatias grossas, enfio uma quantidade generosa de manteiga maître-d'hôtel entre as fatias, despejo uma boa xícara de vinho tinto sobre tudo e sirvo em seus vários sucos quentes. Até mesmo fantasmas...] Mas para os vivos, que precisam comer para continuar a sê-lo, a carne, em qualquer forma, é de fato um problema.

Há vários motivos mais ou menos lógicos por que a carne fica escassa em tempo de guerra: os soldados precisam dela, há menos gado, zub zub zub. É uma pena que tantos seres humanos dependam de comer algum tipo de carne animal todos os dias para ter força. Muitos deles o fazem porque seus corpos, enfraquecidos ou não, exigem isso. Outros simplesmente têm o hábito. Hábito ou necessidade, torna-se um gasto realmente preocupante em tempo de guerra, de tal modo que o dinheiro gasto com carne deve ser usado para comprar o máximo de nutrição possível, mesmo correndo-se o risco de uma certa monotonia.

A velha ideia de que fervendo um pedaço inútil de carne durante tempo suficiente você extrairá todos os seus sucos, que então formam um belo caldo estimulante e nutritivo, é vista com suspeita pela maioria dos especialistas modernos em alimentação [... inclusive Brillat-Savarin, que morreu em 1825, somente alguns anos atrás]. Eles dizem que, quando você chega a tomar os sucos, estes se acham tão mortos que são inúteis para qualquer organismo humano. Em vez disso, advertem os especialistas, a maneira mais rápida e fácil de absorver todos os sais minerais e vitaminas presentes em um pedaço de carne é picá-lo bem e comê-lo cru.

Essa simplificação brutal deveria levar os fantasmas dos cozinheiros de Paris a gemer ainda mais alto e a ficarem ansiosos para escrever outra carta ao *L'Intransigeant*. Mas lembro que várias vezes, quando estava morando na cidade deles e me sentia cansada, desejando um estimulante rápido (ou quando tinha comido demais seus molhos engenhosos), eles faziam Boeuf Tartare para mim. Evidentemente, caprichavam na produção, e cada vez era um pouco diferente, como um bom curry indiano, mas esta é a base:

BIFE TÁRTARO

- 100 g de carne por pessoa (ou mais)
- 1 ovo por pessoa
- sumo de limão
- azeite de oliva
- salsa, cebolinha, manjericão, quaisquer ervas
- sal, pimenta-do-reino

Remova toda a gordura da carne e moa um tanto grosso. Faça montes ou rodelas, 1 para cada pessoa. Faça uma pequena cavidade em cima.

Quebre os ovos cuidadosamente, separando as claras para outra finalidade, e ponha a gema, mantida dentro de metade da casca, na cavidade de cada monte de carne moída.

Pique as ervas separadamente e ponha em tigelas pequenas. Sirva o azeite de oliva em um galheteiro. Guarneça a carne com quartos de limão. Outras coisas, como cebolinhas e pepinos em conserva, podem ser acrescentadas à bandeja.

Para comer, despeje a gema na cavidade, cubra tudo com as ervas que quiser, acrescente azeite de oliva, sumo de limão e temperos, e misture levemente.

Esse prato um tanto bárbaro fica melhor com pão crocante e um copo de vinho tinto comum. É de digestão rápida e deixa uma sensação agradável no palato, se você conseguir engoli-lo, coisa que algumas pessoas prefeririam morrer de fome a fazer [... ou se você puder evitar o exibicionismo do garçom, que anseia por transformá-lo numa prova gastronômica de que se pode fazer o cinza com muitas cores (ou sabores) misturadas].

A distinção entre cru e malpassado é sutil, resolvida apenas na mente de cada indivíduo. Muitas pessoas que não conseguem nem pensar em comer Bife Tártaro sem ter náuseas (infelizmente, porque pode ser feito de cortes baratos e frequentemente bastante nutritivos) estão dispostas a atacar uma grossa, sangrenta e morna picanha e sentirem-se seguras na tradição do Simpson's, Plaza e Dave Chasen's... e da sala de jantar de Henrique VIII, até onde isso vai.

Não há dúvidas sobre isso, um belo assado *é* belo, e provavelmente a carne mais satisfatória para a fome média anglo-saxã. Ele se torna cada vez mais escasso e relativamente inestimável.

Todavia, é uma sábia extravagância de vez em quando, se for possível, pois resultará em várias refeições para a família média e usará muito combustível somente no primeiro cozimento. (Haverá rosbife frio com salada, e depois sanduíches, e depois talvez um Boeuf Moreno ou algo assim, e depois quem sabe guisado [Um picadinho pode ser muito bom realmente. A pior coisa que pode acontecer a ele é ser moído; tudo o que é passível de ser picado deve ser *picado*.], ou ainda um prato com curry, ou croquetes, se você pode se permitir uma "frigideira elétrica" e aprova essas pirâmides sintéticas... e assim por diante... ou talvez ela desapareça imediatamente! Nesse caso, é melhor você não comprar carne de novo durante um bom tempo, exceto se seu padrinho rico morrer.)

Há duas maneiras definitivas de começar a assar qualquer carne. Nos últimos anos, os especialistas do governo instaram as mulheres a pôr a carne no forno a 145°C e mantê-la nessa temperatura em média quarenta minutos por quilo. A perda pelo encolhimento é quase eliminada e o sabor da carne, dizem, é muito melhor. A carne se doura gradualmente, até o momento em que está pronta, tão bonita quanto pode ficar.

A escola mais antiga discorda completamente desse sistema e tem pelo menos o costume do seu lado, se não a economia. Sustenta que os primeiros 25 minutos da morte final de um assado são os mais importantes. Eles devem ser gastos a uma temperatura de cerca de 250°C, de tal maneira que toda a superfície fique cauterizada e todos os sucos fiquem selados dentro da carne. Depois disso, o calor do forno é reduzido para cerca de 145°C, como no outro processo. [A prova do assado é seu sabor, e o novo sistema certamente tem sabor melhor para mim, diante de meus mestres reconhecidos.]

Com exceção da temperatura inicial, a maneira de assar um bom corte de carne, de preferência com duas costelas, é a mesma. A carne é cuidadosamente limpa com um pano úmido ou um limão cortado, e depois esfregada com sal, pimenta e ervas frescas em um pouco de óleo, se você gosta delas. Ponha-a numa fôrma com a gordura para cima (nunca uma assadeira fechada, que acabará aferventando a carne) e regue frequentemente com gordura pura até ficar pronto. [Uso agora um utensílio com o formato de um V, uma espécie de grade ajustável, para quase todos os tipos de carne. E não rego quase nunca um assado. Em vez disso, envolvo-o em gordura ou azeite temperado, durante uma hora mais ou menos e, é claro, ponho na grade com o lado mais gordo para cima.]

É importante que o líquido usado na rega não contenha água, nem qualquer coisa que não seja manteiga boa, gordura animal ou azeite, pois todo o resto abrirá os poros cauterizados e deixará escapar os sucos aprisionados. Sheila Hibben, que escreve com bom senso implacável sobre tais questões, admite que, no caso de um assado grande, pode-se pôr um pouco de água na fôrma para que as regas não grudem nela e se percam.

Evidentemente, o melhor molho é um bem inocente de farinha, apesar do que sua avó possa dizer. É feito jogando-se um pouco de caldo de carne ou água na fôrma assim que o assado for retirado. Deixa-se ferver por cinco minutos, escuma-se levemente, engrossa-se com um pouco de manteiga fresca e coa-se em uma molheira.

Há muito tempo, na Borgonha, quando comíamos assados de carne de vaca ou de cordeiro aos domingos, madame Bonamour punha sempre uma colherada grande desse suco quente na salada pouco antes de misturá-la. Gostávamos, em especial se a saladeira contivesse escarola, e um tanto indelicadamente chamávamos a isso de *pisse-en-lit*.

Um rosbife enrolado pode parecer mais econômico à primeira vista, porque você não compra os ossos. Mas lembre-se de que os ossos são condutores de calor e fazem a carne cozinhar cerca de doze minutos mais rápido por quilo, diminuindo assim a conta do combustível. Além disso, se você vai se dar ao luxo de fazer uma coisa tão elegante quanto um assado, é preferível ficar com o melhor, pois nada dá um sabor melhor para uma carne já gostosa do que cozinhá-la com os ossos em que cresceu.

O que se costumava chamar de cortes mais baratos de carne, como o lagarto, pode ser cozido de várias maneiras, mas sempre seguindo as regras principais para assar em panela dadas em qualquer bom livro de receitas. O problema com eles é que raras vezes são tratados com o devido respeito, sendo em geral cauterizados em qualquer tipo de gordura e depois deixados a cozinhar em água até ficarem moderadamente macios, e mais do que um pouco fibrosos. Eles devem ser temperados e observados com mais cuidados ainda que o assado, pois talvez partam de um patamar menos digno.

Economicamente, não são muito inteligentes, pois demoram para cozinhar e exigem atenção. Podem ser deliciosos, é claro (que carnívoro não aprovaria o Boeuf à la Mode de Escoffier?), mas são menos adaptáveis do que o rosbife no segundo ou terceiro dia e, portanto, tornam-se mais um luxo do que aquilo que você talvez quisesse chamar de necessidade.

O tipo mais popular de carne, depois de um assado rosado, é o bife grelhado, provavelmente. Para ser melhor, deve ser do tipo de carne que você prefere: T-bone, contrafilé, filé-mignon, e assim por diante. Você terá com certeza sua maneira predileta de prepará-lo, pelo menos nos seus sonhos... pois esses cortes estão muito além do alcance dos dribladores do lobo.

Você pode comprar um corte barato, evidentemente, como coxão mole e pedir ao açougueiro que o corte com uma pequena serra elétrica fantástica chamada Tender-Lux ou coisa assim. A carne sai parecendo toda mordiscada e supostamente com o mesmo gosto do melhor T-bone. [Agora há pequenas rodelas achatadas de carne magra, congeladas, que as pessoas insistem em me dizer que fazem deliciosos "bifes de minuto". Tentei concordar várias vezes... seria tão conveniente se eu pudesse!... Mas continuo achando que são fibrosos, inócuos e mais uma prova deprimente de nossa mediocrização gradual, em cujo processo somos forçados a comer tantas comidas absolutamente ruins que ficamos sinceramente deliciados com o medíocre.]

Ou então você pode fazer uma mistura de partes iguais de óleo e vinagre e esfregá-la bastante num bife duro e depois deixar descansar por duas horas, com a convicção apaixonada de que a carne ficará mais macia, o que provavelmente acontecerá. [Agora uso uma mistura de óleo e molho de soja em quase todos os cortes de carne e muitos tipos de peixe. Esse estranho truque vem de um cozinheiro japonês; ele sempre cobria o peixe com o molho antes de pô-lo na geladeira e o peixe nunca *cheirava a peixe*. E mantinha-se por muito mais tempo e melhor, se fosse necessário. E o mais importante: jamais ficava com gosto de molho de soja!]

Ou você pode economizar seu dinheiro para carne durante algum tempo e comprar um bom filé-mignon, fazê-lo como só você sabe e comê-lo como um homem.

Desses pratos, o último é talvez o que mais satisfaz, esteticamente, se não dieteticamente, a não ser que você se inclua entre aqueles miseráveis que precisam comer algum tipo de carne todos os dias porque sempre comeram assim. Nesse caso, este pequeno catálogo de truques para capturar lobos não é para você, e nem o bom senso, nem os ditames da guerra terrestre, podem acalmar sua fome carnívora.

Barato é uma palavra dita nestes tempos com um riso galante e um meneio leviano da cabeça, mas continua a modificar as partes da vaca, como músculo e coxão duro, que não podem ser vendidas a um preço mais alto para assar.

Uma maneira de usar carne barata é comprar aquela frescura que é o coxão mole moído. "Carne moída" é mais barata ainda, mas não é um bom investimento, porque contém gordura demais e encolhe tanto ao cozinhar que não é boa para você nem para o seu bolso.

A primeira coisa a saber sobre coxão mole moído é que não deveria ser moído de modo algum. Trata-se de um corte bem razoável, que pode ser comprado inteiro, assado na panela e preparado de várias maneiras demoradas mas deliciosas. É tolice moê-lo, uma vez que outras partes da carne podem ser moídas e ficar mais saborosas por menos dinheiro.

Os açougueiros em geral são pessoas muito agradáveis, apesar de terem em algum momento de suas vidas escolhido ser açougueiros. Eles a auxiliarão com espantosa benevolência em seus esforços de economizar e concordarão com você que uma peça de fraldinha limpa e moída é carne para ninguém botar defeito.

Pegue os ossos, se houver, para seu cão ou seu caldeirão de sopa, e a gordura para picar mais tarde e fritar crocante e escura para preparar um repolho ou até uma omelete. Ou faça:

PÃO DE TORRESMO

- 1 xícara de torresmo cortado em cubos
- 1 medida de fubá para panqueca

ou

- 1 ½ xícara de fubá
- ¾ de xícara de farinha de trigo
- ½ colher (chá) de bicarbonato
- ¼ de colher (chá) de sal
- 1 xícara de leite azedo

Torresmos são os pedaços de carne que sobram depois que a gordura do toucinho derreteu. Faça a batida ou mistura preparada e peneire junto os ingredientes secos, acrescente o leite. Adicione, mexendo, os torresmos. Faça bolos oblongos e ponha em fôrma untada. Asse em forno quente (200ºC) durante cerca de trinta minutos.

Essa receita é antiga, exceto pelo artifício moderno de utilizar uma mistura pronta respeitável de panqueca, se você preferir. É uma maneira barata e agradável de usar algo que de outro modo se perderia e dar pelo menos um sabor de riqueza e solidez a uma ceia que, sem ela, consiste em broa de milho simples e um copo de leite. [Uma ceia deliciosa, com ou sem torresmo.]

Para voltar a nossa momentosa compra de carne moída: com a carne nas mãos, vá para casa, desembrulhe-a e cozinhe-a, ou, se planeja mantê-la por algum tempo na geladeira, não esqueça de trazê-la de volta à temperatura ambiente por umas boas duas horas antes de usá-la. Faça bolos, 1 para cada pessoa e de preferência maiores se você está com fome, pois um grande é muito melhor que 2 ou 3 pequenos. [A não ser que você prefira carne bem passada. Eu tenho dificuldades para consegui-la de outro jeito, exceto se eu mesma cozinho.]

Esquente bastante uma frigideira pesada, até que uma gota d'água dance e desapareça de sua superfície, o que parece ser mais demorado do que você esperaria do ferro.

Ponha as rodelas de carne. Haverá muita fumaça e cheiro, portanto abra bem as janelas, se possível. Em cerca de dois minutos, vire os bolos com uma espátula, e provavelmente com seus dedos enfiados numa luva de segurar panelas. O cheiro se acentuará. Mantenha o fogo alto por mais dois minutos, ou até que a carne esteja dourada por inteiro, e então ponha uma tampa bem ajustada e desligue o fogo. Se você gosta da carne malpassada, deve agir com rapidez a partir de agora, mas, de qualquer jeito que preferir, o calor da frigideira será suficiente. [É mais sensato ter as ervas prontas antes de começar com a carne. Agora, especialmente para churrascos (isso fica bom com bifes grossos também), ponho as ervas, o vinho e uma generosa porção de manteiga numa tigela pelo menos uma hora antes de usar, e depois derramo a mistura na frigideira vazia fumegante e, sem cobri-la, deixo no fogo por não mais de um minuto, o suficiente para derreter a manteiga, antes de pôr sobre o bife.]

Corte cebolinha, salsa, estragão e quaisquer outras ervas que quiser, frescas ou secas... cerca de 2 colheres para cada bolo de carne. Tenha ¼ de xícara de vinho tinto, suco de tomate ou caldo de verdura para cada um, e se usar um dos dois últimos, acrescente um pouco de molho Worcestershire. [De vez em quando, café fresco muito forte, ¼ de xícara por pessoa, é delicioso.]

Remova os bolos de carne para uma caçarola rasa quente antes de ficarem no ponto que deseja, pois continuarão a cozinhar. Jogue então as ervas e o líquido. Haverá mais chiado e fumaça. Tampe rapidamente, para prender todo o primeiro sabor. Em cerca de cinquenta segundos, mexa bem a mistura para pegar toda a essência de carne da panela, adicione um pouco de manteiga e ponha a mistura com uma colher sobre os bolos de carne. Sirva imediatamente, com pão francês quente e uma salada verde, e vinho tinto ou cerveja se você pode e quer.

Manteiga com ervas, uma pequena bolha sobre cada bolo pouco antes de servir, fica perfeita para isso. [Aqui, eu queria obviamente dizer "perfeita para bolos de carne grelhados *em lugar* do molho de ervas e vinho".] É simplesmente manteiga sem sal com um pouco de sumo de limão e as ervas picadas que você preferir. A mistura é colocada num pote, tapada e mantida por tempo indefinido na geladeira. Se você é sabida nessas coisas, pode ter um tipo diferente para cada erva que conhece e usá-la de acordo com suas fomes. [Por exemplo, recheie tomates com 1 colher (chá) de manteiga de manjericão e ponha na grelha por cinco minutos... deliciosos com costeletas de cordeiro.]

Elas fazem quase qualquer tipo de carne ou peixe ficar mais saboroso do que se esperava. Não são necessárias, mas são requintadas, no sentido exato da palavra, de tal modo que comer carne se torne não uma função física, como respirar ou defecar, mas uma satisfação dos sentidos agradável e quase intelectual.

2

É claro que há muitas outras maneiras de comer a carne de animais do que em seus estados mais simples, cru, assada, grelhada ou cozida. Segundo algumas pessoas, inclusive os fantasmas chorosos daqueles mestres que outrora mandavam nas cozinhas de Paris e escreviam cartas para o *Times*, elas são as únicas maneiras, uma vez que somente bárbaros podem engolir o sabor doce e sangrento de carne malpassada.

Há mil maneiras de cozinhá-la, todas elas apresentadas em livros de receitas de mérito variado. O problema com a maioria delas é que demoram demais e pedem disfarces demais, que em si mesmos podem parecer econômicos, mas reunidos resultam em um custo surpreendente para o prato inteiro.

Um ensopado, por exemplo: é supostamente o mais simples dos pratos e talvez o tenha sido outrora, quando se jogava um pedaço de carne e um pouco de água no caldeirão e deixava-se ferver até que se misturassem numa só coisa comestível. Agora, um ensopado significa algo mais rico, e pode ser um prato fino e tantalizante, cheio de carnes cozidas e muitas verduras, unidas por um molho forte de ervas e vinho. Estamos orgulhosos de tê-lo tirado de seu lugar humilde e, assim fazendo, nos enganamos sobre sua excelência frugal primeva, já que, depois de experimentar o novo tipo, nosso paladar se arrefece diante da aridez do antigo.

Todavia, se você tem tempo e combustível, faça um cozido em benefício de sua alma. É um procedimento que satisfaz e não pode fazer mal a homem ou besta. Há uma receita diferente para cada um que já tenha pensado em fazê-lo, mas, em geral, as regras são simples:

Salteie a carne cortada em pedaços pequenos. Tempere a gosto com ervas [Isso significa pimenta em grão, folhas de louro, talvez cravos enfiados numa cebola. As ervas frescas, eu acrescentaria somente alguns minutos antes de servir: manjericão, alecrim ou manjerona, por exemplo, e salsa.], cubra amplamente com caldo de verdura, água ou vinho, e deixe cozinhar em fogo brando até quase pronto. Cozinhe pela metade quaisquer hortaliças de sua preferência, exceto beterrabas, que dão uma cor de sujo. Engrosse o suco em torno da carne. Adicione as hortaliças. Deixe tudo descansar durante algumas horas... um dia é melhor [... não é melhor, é *o* melhor], e então leve a ferver e sirva, de preferência em pratos de sopa. As variações sobre esse tema são tão óbvias quanto divertidas.

Uma boa maneira de cozinhar carne devagar sem se sentir totalmente extravagante é arranjar várias outras coisas que requerem a mesma temperatura do forno e que podem ser feitas ao mesmo tempo. Um assado ocupa a maior parte do espaço de qualquer forno moderno que eu conheça, mas há outras carnes para assar em fôrmas ou caçarolas rasas. Uma boa é:

FATIA DE PRESUNTO AO FORNO

- 1 fatia de aproximadamente 2,5 cm de presunto (ou mais grossa, se seu bolso permitir!)
- 1 batata-doce para cada pessoa
- 1 xícara de açúcar mascavo
- 1 punhado de salsa
- 2 colheres (chá) de mostarda picante
- 1 maçã ácida para cada pessoa
- 1 xícara de água quente [ou sidra, ou vinho branco]

Tire a gordura do presunto, pique-a e junte à salsa picada e à mostarda. Espalhe uma camada grossa sobre o presunto.

Corte as maçãs com casca em fatias de pouco mais de 1 centímetro. Descasque e corte as batatas em fatias semelhantes.

Ponha o presunto no centro de uma fôrma, com as maçãs e depois as batatas ao redor. Adicione a água quente e salpique o açúcar mascavo.

Asse em forno de 160°C a 180°C, regando com frequência, até que as batatas fiquem macias. [Assa mais rápido se colocado numa caçarola rasa coberta durante a primeira meia hora.]

Outra boa maneira de fazer presunto, se você pode se dar esse luxo e quer algo que cozinhe bem junto com outras coisas no forno, é pôr 2 fatias numa fôrma com chutney ou qualquer resto de conserva no meio delas, como um sanduíche. Espalhe mostarda preparada em cima, salpique um pouco de açúcar mascavo sobre tudo, ponha um pouco de água ou vinho branco, ou ainda cerveja choca, e cozinhe por cerca de uma hora, regando com frequência.

[Presunto Assado com Creme é um prato mais substancioso, mas muito bom mesmo, de vez em quando. A mão de páprica deve ser generosa, de fato *húngara*, e o creme grosso no prato raso deve ser posto repetidas vezes com uma colher sobre as fatias do presunto, para formar aos poucos um molho rosado-marrom, que às vezes coalha mas sem perigo para o conjunto.

Eis uma boa coisa para conhecer, com um ar de luxo.

PRESUNTO ASSADO COM CREME

Corte o presunto em fatias de pouco mais de 1 centímetro. Corte cada uma delas pela metade e junte-as como num sanduíche. Ponha numa fôrma com um pouco de açúcar mascavo e muita páprica. Regue frequentemente com o creme. Asse em forno moderado durante 25 minutos. Sirva com peras, figos ou ameixas em conserva.]

[Excelente com caçarola de macarrão, manteiga e cogumelos sautés.]

Uma fraldinha é supostamente um corte barato de carne, e a receita seguinte, embora um pouco meticulosa no início, usa carne e o calor moderado de um forno que esperamos esteja cheio com outras coisas. Há evidentemente muitas mudanças possíveis a fazer nisso:

MOCK DUCK (BIFE ROLÊ DE FRALDINHA)

- 1 fraldinha cortada bem fino
- 2 xícaras de farelo de pão
- 1 ovo
- tempero para o recheio: sálvia, pimenta etc.
- 3 colheres de óleo ou gordura
- água, ou caldo de carne, ou vinho

Faça um recheio bem temperado de acordo com sua receita preferida. Misture o ovo.

Enrole o recheio dentro do bife e amarre bem apertado. Doure o rolê em gordura quente, ponha numa fôrma e cubra com o líquido que preferir: suco de tomate, vinho tinto e água, caldo e verduras... regue com frequência. Cozinhe até ficar macio; depois de uma hora, o tempo vai variar de acordo com a espessura do rolê. Remova o cordão antes de servir.

Isso fica bom com vagens frescas ou salada verde simples, e arroz integral. O molho pode ser engrossado ou não; na minha opinião, um pouco de manteiga é mudança suficiente.

[Uma das melhores coisas que posso fazer para um jantar de inverno é a Carne Assada com Ameixas Secas, cuja receita dou adiante. Outros cozinheiros me dizem que não é um prato totalmente confiável: às vezes as ameixas ficam em pedacinhos; às vezes o molho fica ralo ou grosso demais. Nunca constatei isso, mas sei que nenhuma receita do mundo é independente das marés, da lua, das temperaturas físicas e emocionais que cercam sua realização. Tendo levado tudo isso em conta, as únicas coisas questionáveis seriam a carne e as ameixas, e minha única observação sobre elas é que devem ser de qualidade boa, mas não necessariamente extraordinária. Esse assado, servido num prato generoso e cortado à mesa em fatias grossas, com molho abundante e uma tigela de macarrão amanteigado e outra de salada verde, com bom pão e vinho, e queijo a seguir, faz um jantar delicioso. É picante e robusto, e o mundo parece mais real.

CARNE ASSADA COM AMEIXAS SECAS

- 2 kg de alcatra
- 2 colheres (chá) de sal
- pimenta
- 2 xícaras de ameixas secas lavadas
- 2 xícaras de água fervente
- ½ xícara de vinagre de sidra
- ½ xícara de água
- 1 xícara de açúcar mascavo
- ¼ de colher (chá) de cravo moído
- 1 colher (chá) de canela moída

Aqueça uma assadeira pesada e funda no fogão. Adicione a carne, virando para que doure por igual. Salpique sal e pimenta. Adicione as ameixas e água, cubra e cozinhe sem ferver até ficar macio (cerca de três horas). Remova a carne do líquido para uma panela quente. Misture o vinagre, a água, o açúcar, o cravo e a canela; cozinhe rapidamente até que se forme um molho grosso. Derrame o molho sobre a carne e ao redor dela, sirva imediatamente. Serve 8 a 10 pessoas.

Quase todos os livros de culinária, especialmente as brochuras cativantes editadas por volta da virada do século por Ladies'

Guilds e outras sociedades ligadas à Igreja, contêm muitas receitas como essa. Elas devem ser lidas com um olho cauteloso no tempo de cozimento, pois o combustível é cada vez mais caro e o próprio tempo não é coisa de se jogar fora levianamente.

Outro ponto com o qual se deve tomar cuidado nas receitas normalmente confiáveis dadas nessas coleções é o tempero: trata-se, para ser eufêmico, de um desafio para seu paladar inventivo, uma vez que diz "sal, pimenta", ou "sal". Aparentemente, quaisquer outros condimentos eram considerados estrangeiros e talvez até sacrílegos pelos membros do Círculo de Costura de Saint James em 1902. Fora isso, as receitas desses livros são confiáveis, se você gosta dessas coisas.

3

Uma maneira de horrorizar pelo menos oito em cada dez anglo-saxões é sugerir que comam qualquer coisa que não seja a carne vermelha fibrosa de um animal. Um coração, um rim, ou mesmo um timo são anátemas. Isso é muito ruim, pois há muitas maneiras nutritivas e divertidas de preparar os vários fígados e bofes. Eles podem se tornar prazeres gastronômicos em vez de bruxaria obstinada, de tal modo que quando você comer um coração de boi recheado e assado, ou miolos de cordeiro grelhados, ou testículos, não precise engoli-los com a decisão nauseada de ser mais corajoso, mais inteligente ou mais potente, mas com simples deleite. [Acredito mais do que nunca nisso, mas estou cansada de anos dessa luta. Agora, quando quero comer o que os açougueiros ingleses chamam de "vísceras", espero até que todo mundo tenha ido para o Mid-South Peoria Muezzins' Jamboree and Ham-Bake e então faço para mim um prato chique.]

Devo admitir que minha primeira apresentação a uma *tête de veau* foi difícil para uma moça americana ingênua. O problema principal talvez fosse que não se tratava de uma cabeça de vitela, mas de metade de uma cabeça de vitela. Meia língua pendia dura da meia boca. Havia um olho, fechado numa apetitosa piscadela. Uma orelha solitária caía frouxa e levemente rosada sobre as estranhas rugas da meia testa. E ali, na única narina pálida, havia três pelos brancos duros.

De início, achei que o mundo ia desabar e fiquei imaginando como poderia fugir com elegância. Depois, tenho certeza de que foi meu anjo protetor que me fez ficar e comer e finalmente pedir mais, pois *tête de veau*, quando é preparada com inteligência, pode ser um prato excelente e estimulante.

["Não saio muito", como diz um amigo meu germano-americano, mas ainda assim vivi três quartos da minha vida nos Estados Unidos e *nunca* me serviram qualquer coisa que ao menos sugerisse a anatomia inconfundível de uma cabeça de vitela fervida nesta minha terra. O mais perto que cheguei foi, quando era pequena, um prato composto de deliciosas fatias frias e instáveis de gelatina feita de cabeça comidas em lanches de verão, e mesmo aquilo era chamado afetadamente de "fôrma fria" por minha tia inglesa, que tinha a coragem de fazê-la para californianos do Sul... até que cresci o suficiente para fazê-la eu mesma. Dou dela a receita básica, a ser temperada conforme os diferentes gostos, e depois minha versão das receitas clássicas da Tête de Veau: Escoffier, por exemplo, determina que se use um "court-bouillon branco", mas eu prefiro um caldo menos sutilmente delicado para cozinhar a carne... gosto de cozinhar em metades, *à l'anglaise*, mas servido com vinagrete em vez da mais apropriada "molheira de molho de salsa"... e assim por diante.

FÔRMA FRIA DA TIA GWEN (!)

- 1 cabeça de vitela cortada em quartos
- sal, pimenta, louro, ervas a gosto
- ½ xícara de sumo de limão

ou

- 1 xícara de vinho branco seco

Remova a maior parte da gordura e os miolos (guarde para outro prato), as orelhas, os olhos e o focinho (um açougueiro gentil fará isso para você). Deixe de molho por ½ hora em água fria, lave, cubra com água fria e cozinhe em fogo brando até a carne começar a sair dos ossos. Passe por um coador grande e ponha em outra panela, reservando todo o líquido da cocção. Corte a carne em cubos ("em peças bonitas", dizia tia Gwen), acrescente o caldo até cobrir a carne e misture delicadamente com temperos a gosto. Deixe cozinhar sem ferver por ¾ de hora, adicione o sumo de limão ou vinho, e ponha num molde. Cubra com um pano, ponha um peso em cima e gele. Sirva em fatias. (Tia Gwen usava fôrmas de pão como molde, tijolos limpos como pesos... e havia sempre lascas de pepinos sobre o prato.)

TÊTE DE VEAU

- 1 cabeça de vitela
- 2 ou 3 litros de água
- 1 cenoura
- 1 cebola
- 1 cabeça pequena de aipo ou 3 talos grandes
- 1 limão cortado em quatro
- sal, pimenta, 2 folhas de louro, 6 cravos

Corte a cabeça pela metade. Deixe de molho durante 1 hora em água fria. Ferva a água e o resto dos ingredientes por dez minutos. Coe as metades, adicione ao líquido e cozinhe em fogo brando, bem tampado, por cerca de 1 ½ hora, ou até que as bochechas fiquem macias. (A língua e os miolos podem ser removidos, a primeira para ser cozida com a cabeça, os últimos para acrescentar ao bouillon para o ¼ de hora final do cozimento. Eles devem ser bem aparados, fatiados e servidos com as metades.) Coe e sirva imediatamente cercado por salsa, com uma molheira de vinagrete feito com 1 parte de vinagre, 1 parte do líquido do cozimento e 2 partes de óleo, com os temperos exigidos. Ou... coe, esfregue cuidadosamente com um pano embebido em sumo de limão para evitar que a carne escureça e gele. Sirva cercado por pequenas cebolinhas, alcaparras, salsa e pepinos em fatias, com uma molheira de vinagrete a gosto.]

Por que seria pior, no fim das contas, ver a cabeça de um animal cozida e preparada para nosso prazer do que uma coxa, um rabo ou uma costela? Se vamos viver às custas dos outros habitantes deste mundo, não devemos nos prender a preconceitos ilógicos, mas saborear ao máximo os animais que matamos.

As pessoas que acham que uma bochecha de cordeiro é grosseira e vulgar quando uma costeleta não o é são como filósofos medievais que discutiam sobre questões como quantos anjos poderiam dançar na cabeça de um alfinete. Se você tem esses preconceitos, pergunte-se se eles não têm por base o que talvez lhe ensinaram quando era jovem e não pensava, e depois, se puder, ensine a si mesmo a deliciar-se com algumas das partes do animal que não são comumente preparadas.

O timo, evidentemente, tem uma reputação um tanto esnobe e é, com efeito, digno dessa reputação. Infelizmente, é muito caro.

O mesmo vale para o fígado, que é supostamente uma das melhores coisas do mundo para se comer quando se tem anemia. Deve ser de boi ou de vitela, pois o de porco é gordo, pesado para o paladar e, de acordo com algumas autoridades, ativamente impuro.

Há muitas receitas boas de fígado, mas deve ser sempre feito rapidamente para não endurecer. Fica bom no dia seguinte, cozido com outras sobras, com um pouco de xerez no molho, e arroz integral de acompanhamento. (É delicioso também frio, com um copo de cerveja e pimenta em grão moída na hora e alguns ramos de salsa, se sua mentalidade é parecida com a minha.)

A língua é mais aceitável socialmente do que outras partes funcionais da anatomia de um animal. Seu principal problema econômico é o longo tempo que leva para cozinhar. É uma carne suave, que precisa de um molho cheio de caráter, bem amarrado com condimentos ou vinho para se segurar.

Os miolos estão, a meu ver, infelizmente associados a ovos mexidos na maioria dos cardápios. A combinação é desagradável em virtude da textura similar das duas coisas. Em vez disso, acho que os miolos deveriam ser cozidos até ficarem crocantes e deveriam ser servidos com coisas crocantes, para contrabalançar a consistência cremosa de seu interior. A receita seguinte de Barcelona é um bom exemplo, e fica deliciosa com ervilhas frescas, torradas e fruta.

MIOLOS DE VITELA

- 1 par de miolos de vitela
- ¼ de xícara de vinagre bom, ou 1 limão
- 3 colheres de manteiga ou óleo bom

- salsa, 5 ou 6 raminhos
- sal e pimenta

Escalde os miolos em água fervente. Remova a pele de fora, tomando cuidado para não romper o tecido interno. Deixe em água fria durante uma hora. Coe, borrife com vinagre ou sumo de limão e deixe descansar por meia hora.

Coe e salgue os miolos, e frite até dourar na gordura quente. Ponha num prato quente de servir e frite a salsa. Adicione o vinagre ou sumo de limão restante à panela, aqueça bem e ponha os miolos. Guarneça com a salsa crocante e pimenta moída na hora. [Se você gosta de fritar em óleo abundante, há belos truques para fazer com vários bolinhos fritos feitos de miolos ou timo.]

Outra parte vital de um boi é o coração, que não é suficientemente conhecido como uma carne muito rica em vitaminas e sais minerais. Para um coração grande deve ser usado recheio comum de galinha, perfumado com ervas frescas ou secas e regado frequentemente com gordura ou caldo grosso, em um forno lento até ficar macio. O processo é um tanto longo, mas vale a pena se você puder pôr outras coisas no forno ao mesmo tempo.

Corações menores podem ser divididos, assados na panela e cozidos no forno ou em frigideira pesada com fatias de bacon, até ficarem macios. Ponha-os então na grelha o bastante para que se dourem.

Corações pequenos de vitela ou cordeiro podem ser cortados fino, assados rapidamente em gordura quente e depois cozidos em caldo com hortaliças em cubos e ervas, fazendo um ensopado saboroso para comer com arroz. Um pouco de xerez e creme azedo misturados quase na hora de servir tornam os sabores ainda mais satisfatórios.

Outra maneira de usar um coração grande, que levará muito menos tempo do que assar inteiro no forno, é moê-lo. Misture-o com 1 cebola moída, aipo se gostar, 2 ovos, o caldo ou suco de tomate que você tiver na geladeira e um pouco de farinha de rosca, se parecer muito molhado. Tempere com pimenta fresca, um pouco de endro, um pouco de manjerona... as ervas que preferir. Ponha numa fôrma de pão, ou dê o formato de um pão e asse por uma hora, ou até ficar pronto, em forno moderado, regando com frequência. [Eu diria agora: "*Pelo menos* duas horas". Cozimento lento e prolongado torna-o especialmente bom e firme para fatiar para um bufê frio ou sanduíches.]

Os rins têm reputação melhor que alguns dos outros órgãos internos, sobretudo porque os árbitros ingleses de nossos gostos gastronômicos os comem grelhados, e têm razão. Não há nada melhor do que um espeto de rins de cordeiro, bacon, cogumelos e talvez alguns tomates pequeninos, tudo mergulhado em manteiga e submetido a mais ou menos cinco minutos de grelha quente: nada melhor, isto é, desde que você goste de rins. Algumas pessoas não gostam. Elas *odeiam* rins, com um ódio que é inexpugnável à tentação. Aparentemente, não há nada a fazer nesse caso, mas lembre-se de não servi-los a essas almas infelizes.

Uma boa receita básica, que pode ser variada indefinidamente e é boa aquecida ou feita em fogareiro à mesa, ou em churrasco ao ar livre, é:

RINS AO XEREZ

- 2 colheres de manteiga ou óleo bom
- 1 cebola picada
- 1 par de rins de vitela
- temperos

- ½ xícara de xerez
- agrião
- torradas, arroz ou outra coisa

Lave os rins e corte-os em pedaços pequenos. Doure a cebola na gordura e acrescente a carne. Adicione temperos (sal, pimenta, salsinha picada ou louro, ou qualquer erva de sua preferência). Acrescente o xerez e deixe cozinhar sem ferver por cinco minutos. Sirva muito quente, com agrião de guarnição.

Consegui essa receita na Espanha, mas é igual em qualquer lugar. Usam-se ervas diferentes, ou sumo de limão em vez de xerez, ou creme azedo [1 xícara de creme pouco depois do xerez; muito bom com kasha (trigo sarraceno) ou arroz selvagem, muito estilo Smetana] é posto no fim, ou um pouco de conhaque. Cogumelos são dourados com a cebola na gordura. Alcaparras e lascas de amêndoas são jogadas logo antes de servir; a mistura é colocada em tomates sem miolo, que são grelhados.

Em outras palavras, você pode fazer como quiser, lembrando sempre que os rins têm um gosto forte e pungente, que precisa ser controlado pelo gosto ainda mais forte de ervas e bebidas.

Um prato muito rápido, que é barato e bom com uma salada, queijo e café no jantar, é:

TORTA DE LINGUIÇA (OU TORTA DE SARDINHA)

- ¼ de kg de linguiça [ou bacon] (ou ½ lata de sardinhas)
- molho de tomate
- mistura de biscoito em pó
- 1 colher (chá) de cebola ralada ou cebolinha picada

Espalhe a linguiça [ou bacon ou sardinha] em camada fina numa fôrma de torta ou caçarola rasa. Deixe aquecer em forno quente e tire quase toda a gordura. (Deixe o óleo nas sardinhas.)

Faça metade da receita do pacote de mistura de biscoito em pó usual, acrescentando molho de tomate [... ou caldo de carne. É uma questão de sabores. Uma boa combinação com fatias de bacon é leite na mistura de biscoito, mais a ½ xícara generosa de queijo ralado.], em vez de leite ou água. Acrescente a cebola e qualquer erva picada que quiser. Deite sobre a linguiça e asse em forno quente até ficar firme e dourado [... cerca de vinte minutos].

Camarões também ficam bons nessa torta; com efeito, ela vem de Portugal, onde eles existem em penca, por assim dizer.

É sempre divertido transformar restos de carne, e uma das melhores maneiras, que por algum motivo sempre surpreende as pessoas, é em cannelloni. Os cannelloni são simplesmente pequenas panquecas não adoçadas, parecidos com *enchiladas* delicadas, recheados com o que a receita chama discretamente de "qualquer mistura plausível": carne, peixe, ervas, gemas de ovo, e assim por diante.

Eles são enrolados e dispostos numa fôrma rasa, sobre purê de espinafre, se quiser. Então são polvilhados com queijo ralado e dourados rapidamente. [Uma coisa simpática em relação aos cannelloni é que as panquecas podem ser feitas com várias horas de antecipação (devem ser finas, como crêpes franceses). O mesmo se pode fazer com o recheio. Eles devem combinar no fim. Se alguma coisa de um molho é usada no recheio, como creme de frango, deve-se despejar um pouco do próprio molho em cima de tudo.]

Sempre há os curries, evidentemente, que não são de modo algum curries, mas restos de carne servidos num molho condimentado com curry. [Essa é uma definição horrorosa e somente a próxima frase me salva da culpa gastronômica.] Eles podem ser muito bons ou horríveis, conforme o cozinheiro. A receita seguinte é pouco inspirada, mas confiável.

UM CURRY INGLÊS

- 1 cebola em fatias
- 3 a 4 colheres de gordura ou 2 fatias de bacon
- 1 ½ colher de curry picante
- ¼ de xícara de vinagre
- ¼ de xícara de água
- 1 xícara de molho de tomate
- restos de carne e molho

Frite a cebola até dourar na gordura ou com bacon picado. Misture curry, água e vinagre, e adicione à cebola. [Misture rapidamente em fogo quente; isso desperta o sabor do curry.] Adicione o molho de tomate e cozinhe por cinco minutos. Corte a carne em pedacinhos, acrescente à mistura com o resto de seu próprio molho e deixe no fogo até ficar bem quente. Esse prato fica melhor se descansar algumas horas [Não muito melhor. Um verdadeiro curry fica melhor, mas esse substituto apressado deve afundar ou boiar, para citar a mim mesma um pouco adiante, dependendo da qualidade de seu conteúdo imediato.], e deve ser servido com arroz e uma compota (figos, pêssegos).

Outra boa maneira de usar carne, além do tradicional e nunca desprezível Picadinho do Terceiro Dia, que, tal como o curry, afunda ou boia com o cozinheiro que o faz, é esta:

PICADINHO TURCO

- 2 colheres de manteiga ou gordura
- 1 cebola picada
- ½ xícara de arroz integral cru
- 1 xícara de água ou caldo
- 1 ½ xícara de carne picada em cubos
- 1 dente de alho
- 1 xícara de tomates, cozidos ou frescos
- 1 colher de raiz-forte (opcional)
- sal, pimenta, ervas a gosto

Cozinhe a manteiga, a cebola e o arroz numa frigideira funda até dourar. Adicione o resto dos ingredientes, misture bem e tampe a panela hermeticamente. Assim que soltar vapor, passe para fogo bem brando e cozinhe por cerca de vinte minutos, ou até ficar pronto.

Lin Yutang escreveu mais de uma vez que ficava chocado ao ver quanto uma família americana média gastava em carne. Ele diz que poderíamos cortar nossas contas pela metade, e isso é bastante, cozinhando como os chineses e usando mais verduras.

Segundo ele, tudo é uma questão de casar o gosto da carne com o das coisas verdes na cozinha, em vez de deixar para apresentá-los uns aos outros pela primeira vez "ao serem servidos na mesa em suas respectivas solteirice confirmada e virgindade imaculada".

Apesar das invenções e fantasias e da aplicação pertinaz do bom senso comum, porém, a carne continua a ser a parte mais cara da dieta moderna.

Cada pessoa deve desenvolver seu próprio sistema de comer tanto quanto possível do que ela quer e precisa. De minha parte, se ficar racionada a 60 g de carne por dia, tanto quanto nossos irmãos o são (para mencionar apenas os mais afortunados) [verdade hoje, só que mais ainda], eu talvez preferisse economizá-la durante uma semana e fazer um belo ensopado, ou fazê-la de uma maneira que pelo menos por uma refeição eu me sentisse segura e gorda, novamente no tempo de fartura.

Outras pessoas não concordariam comigo. Mas para todos nós, não importam nossos gostos, a vida seria mais simples e o lobo uivaria mais baixo se pudéssemos ajustar nossas mentes para admitir, mesmo que não acreditássemos muito nisso, que um filé grelhado, malpassado, macio, é um luxo, em vez de uma necessidade.

Como fazer um pombo gritar

Eis um pombo tão bem assado que grita:
Vem, come-me!

Jonathan Swift, *Conversação polida*

Durante séculos, os homens comeram a carne de outras criaturas não somente para alimentar seus corpos, como também para dar mais energia a seus espíritos fatigados. O coração de um touro, por exemplo, poderia trazer bravura; ostras, segredava-se, davam uma potência nova não apenas ao cérebro mas a outras regiões menos intelectuais. E os pombos, essas suaves criaturas esvoaçantes, com voz macia e asas milagrosas em voo, sempre significaram paz e consolo para seres humanos tristes.

Talvez seja superstição; talvez faça parte de nossos apetites explicados com mais facilidade por *O ramo dourado* do que por um cozinheiro ou médico: seja qual for a razão, um pombo assado é e tem sido há muito tempo o prato mais reanimador para ser posto diante de um homem abatido pela dor ou solidão. Da mesma maneira, pode dar forças para um amante tímido, ou conforto para uma mulher enfraquecida pelo parto.

Não é fácil achar pombos hoje em dia. A maioria dos que você conhece na cidade estão trabalhando para o governo. No campo, há ainda uns poucos fazendeiros que mantêm seus pombais limpos e populosos... e um número menor ainda de empregados que matarão as simpáticas aves adequadamente, asfixiando-as. De longe, a maneira mais fácil de fazer um pombo gritar: "Vem, come-me!" é comprá-lo já limpo e costurado de um comerciante.

É geralmente caro, de forma moderada. [Como pode uma extravagância ser moderada? E o que é moderado quando cada ave custa um mínimo de us$ 1,25? Mas digo que ainda vale a pena, de vez em quando.] Mas se você gosta mesmo da ideia, vale a pena economizar seu dinheiro da carne durante alguns dias e fazer uma festa com ele; comer um pombo assado é uma das poucas coisas que você pode fazer sozinha e em ambiente sórdido com impunidade completa e uma reação positiva de bem-estar. [E para 2, 4, 6 pessoas que se conhecem o suficiente para comer com as mãos, não há ceia mais agradável do que pombos assados quentes ou frios, com kasha (trigo sarraceno) ou arroz selvagem, agrião e pão bom... e, evidentemente, muito vinho tinto de qualidade.]

[Parece impossível que não exista, aparentemente, uma receita de kasha neste livro dedicado com tanta fidelidade a meus companheiros filósofos da Operação Lobo. Kasha é uma bela coisa. Apesar das atuais implicações infelizes, tanto políticas como gastronômicas, devo dizer que os russos são um povo forte graças a ele (... e repolho, pão preto, creme azedo e dilúvios de chá quentequente*quente*). Pode ser comprado com mais facilidade, ao menos no Oeste americano, em "lojas de alimentos saudáveis". Devem-se seguir com muito cuidado as indicações do pacote, pois uma parte da coisa é pré-cozida agora e vira um mingau horroroso se você usar a velha rotina de cozinhar lentamente no vapor. Preparado de maneira adequada, o kasha é um maravilhoso acompanhamento aromático para carne ou aves; sozinho, é delicioso, com uma dose extra de manteiga, e combinado com cogumelos é celestial, e e e...

KASHA

- 2 xícaras de kasha (integral ou meio socado)
- manteiga ou gordura, cerca de $\frac{3}{5}$ de colher
- 1 ovo fresco (ou 2)
- 4 (ou mais) xícaras de água quente ou caldo
- sal, pimenta-do-reino

Ponha o kasha numa frigideira alta e misture o(s) ovo(s) até que cada grão fique recoberto. Mexa com frequência em fogo muito brando, até que os grãos fiquem vitrificados e parecidos com nozes. Adicione o líquido devagar, ponha a gordura no centro e tampe bem, para cozinhar até ficar macio e fofo (cerca de ¾ de hora). Tempere e adicione mais manteiga se desejar. Sirva.]

Já comi excelentes pombos aqui e acolá, e sei que o melhor foi um que fiz numa assadeira barata, sobre um fogão de uma boca, numa pousada miserável. O lobo estava à porta, sem erro; até que eu enchesse o quarto com o cheiro da manteiga quente e do vinho tinto, seu hálito pungente infiltrava-se pelo buraco da fechadura, numa nuvem quase visível.

Demorou cerca de meia hora para preparar o jantar (eu poderia ter feito mais depressa, mas não havia motivo para isso) e, muito antes de estar pronta para colocar a pequena ave dourada fumegante em minha cerâmica Quimper e beber meu segundo copo de vinho, ouvi um suspiro triste e depois um ruído de patas que se afastavam pelo corredor e se perdiam nas brumas da noite. Eu o desbaratara graças à irresponsabilidade impertinente de assar um pequeno pombo e saboreá-lo com inteligência, e também voluptuosidade.

Esta foi a maneira como cozinhei aquela inocente ave marrom e o modo, com pequenas variações, como tratei repetidas vezes de outras, desde então:

POMBO ASSADO

- 1 pombo
- 1 limão
- 2 fatias de bacon gordo (ou 2 colheres de manteiga ou óleo)
- salsa
- vinho tinto (ou sidra, cerveja, sumo de laranja, suco de tomate, caldo...), cerca de 1 xícara
- água
- sal, pimenta-do-reino

Derreta a gordura. [Se usar bacon, cozinhe-o até ficar crocante e remova-o para servir depois ao lado, em cima ou mesmo sob a pequena ave.] Cuide para que a ave esteja bem depenada e esfregue bem o limão cortado e os temperos. Enfie a salsa na barriga do pombo. Cozinhe bem na gordura quente.

Adicione o líquido, tampe rapidamente e cozinhe devagar durante cerca de vinte minutos, regando duas ou três vezes. Se vai comer a ave fria, ponha num prato coberto para que não seque. [E se vai comê-la quente, faça uma boa torrada para cada ave, passe uma boa camada de manteiga (ou um pouco de *pâté de foie* para Festa!) e coloque a ave sobre ela. Misture rapidamente na panela 1 xícara de bom vinho seco e 2 colheres de manteiga, para 4 aves, deite imediatamente em colheradas sobre os pombos, e sirva.]

Os acompanhamentos para essa ave pequena (eu a como quente) foram o que restou do vinho tinto, que era um Moulin à Vent de 26 centavos o litro, um pedaço de pão um tanto duro, que estava perfeito para absorver todo o suco do prato, e 3 cabeças longas e sedosas de endívias belgas. Corações de aipo ficariam igualmente bons, penso, ou *quase* tão bons.

Outra coisa reconfortadora para comer, feita de uma criatura selvagem, esteve sempre associada com companheirismo e até um roubo brincalhão, para não falar da reconciliação do homem com seu destino. Coelho, ou lebre, ou *lièvre*: faz um prato forte porém delicado, não importa como é preparado, se você lembrar de um ou dois truques sutis para aplicar de início.

Deixe a lebre sempre de molho por mais ou menos uma hora em água salgada misturada com sumo de limão ou cerca de ¼ de xícara de vinagre. Então seque-a bem antes de cozinhar. Um pedaço pequeno de porco gordo, salgado ou fresco, tornará o sabor da carne muito mais rico se forem cozidos juntos. Uma lebre macia [ou coelho doméstico] pode ser preparada para fritar como frango, mas é uma carne seca e fica geralmente melhor com um molho. Quase todas as receitas começam com deixar de molho e depois assar na panela, cozinhando lentamente num suco que pode ser como você quiser. O seguinte sempre me agradou:

COELHO NA CAÇAROLA

- 1 coelho grande ou 2 pequenos
- água quente
- sal
- sumo de limão (ou vinagre)
- 3 fatias de bacon gordo
- 4 colheres de manteiga
- 4 colheres de azeite de oliva ou outro óleo
- ½ xícara de farinha
- sal, pimenta, cravo etc.
- 1 xícara de caldo ou água
- 1 xícara de vinho tinto
- 1 punhado de ervas frescas picadas (salsa, sálvia etc.)
- 1 xícara de suco de tomate

Corte o coelho e deixe de molho durante uma hora ou mais na água quente salgada e o sumo do limão. Corte o bacon em pedaços pequenos e frite na manteiga e no óleo.

Seque a carne e sacuda-a bem dentro de um saco de papel com a farinha e os condimentos. Frite na gordura quente, virando com frequência até cada peça ficar dourada.

Adicione o caldo, o vinho, as ervas e cubra bem. Cozinhe lentamente por cerca de uma hora ou até ficar macio.

Remova a carne para uma caçarola quente. Adicione o suco de tomate à frigideira e misture bem até o molho ficar grosso e borbulhante. Despeje sobre o coelho e sirva.

Essa receita pode, é claro, sofrer variações de acordo com o que você tiver em casa e quanto tempo e dinheiro quer gastar em sua preparação. Outra receita boa, que demora mais e vale a pena, é um tipo de composto de *civet de lièvre*, *Hasenpfeffer* e

LEBRE NO POTE

- 1 coelho grande ou 2 pequenos
- água
- vinagre ou vinho
- 1 cebola fatiada
- sal, pimenta, cravo, folhas de louro
- manteiga
- óleo
- 1 xícara de creme azedo

Corte o coelho e ponha num pote. Cubra com partes iguais de água e vinagre ou vinho; adicione a cebola e os temperos. Deixe de molho durante dois dias, virando a carne ao menos uma vez.

Remova a carne e doure por completo numa mistura de óleo e manteiga, virando com frequência. Quando estiver bem dourada, cubra aos poucos com o molho, tanto quanto quiser. Deixe cozinhar sem ferver por cerca de meia hora, ou até ficar macio. Antes de servir, misture o creme azedo.

Esse prato, como qualquer ensopado honrado, fica melhor com macarrão, arroz ou pão francês para ajudar na fruição de seus deliciosos sucos escuros, e uma salada verde. [Acompanhamentos clássicos são couve-de-bruxelas, purê de castanhas, agrião, pão frito com geleia de fruta, variações de *sauce espagnole*, limões fatiados, polenta frita, endro fresco, bolinhos de massa, ameixas ou peras ensopadas, cogumelos grelhados...!] Se vinho tinto fizer parte do prato, o mesmo vinho honesto e um tanto grosseiro deve ser bebido (desde que, *bien entendu*, você não utilize para cozinhar um vinho que seja desagradável de beber). Se o molho teve a ajuda de caldo simples, uma cerveja um tanto forte cai bem, pois combina com os ricos sabores aromáticos do prato.

Pode parecer que aves como perdizes estejam longe das cozinhas de bons cozinheiros de lobos, mas de vez em quando um amigo manda uma delas, ou há um pequeno estoque delas no mercado implorando para ser comprado.

A receita seguinte, que me foi dada por uma fazendeira da região de Nivernais, a qual, para sua própria surpresa constante, era uma conhecida professora de grego numa universidade francesa, pode ser usada para qualquer ave ou caça que pareça seca ou um pouco dura, embora seja dedicada a perdiz ou faisão. Cozinhei uma galinha anciã e um coelho também experiente seguindo sua fórmula.

PERDIZ OU FAISÃO COM CHUCRUTE

- sal e pimenta
- 2 aves pequenas ou 1 grande (ou 1 coelho)
- fatias de bacon
- 3 colheres de manteiga ou óleo bom
- 700 g de chucrute
- 1 xícara de maçãs descascadas e fatiadas
- 1 xícara de vinho branco seco (ou meio a meio com água ou caldo de verdura)
- 1 colher de farinha de trigo

Esfregue limão, sal e pimenta nas aves. Embrulhe com o bacon e amarre firmemente com barbante. Aqueça a gordura e doure as aves.

Lave o chucrute coado (se for muito suave, apenas coe). Ponha uma camada dele com as maçãs no fundo de uma caçarola e deite as aves. Cubra com o resto do chucrute e das maçãs, adicione o líquido e tampe bem. Deixe cozinhar sem ferver por cerca de duas horas.

Ponha as aves em prato quente e engrosse o chucrute com a farinha. Faça ninhos no chucrute e coloque as aves dentro deles, prontas para servir.

[Um prato ainda melhor, acho isso desde que me tornei de bom grado vítima de uma doação anual de faisão congelado, é a receita que dou em seguida. Lamento dizer que nunca lidei com caça recém-morta neste país, mas enfrentei, por falta de melhor, uma infinidade de aves murchas, quase assexuadas, aparentemente eternas, com suas repulsivas plumas desfiguradas e seus envelopes gasosos cheios de "gelo seco" invisível mas ainda potente. Fiz coisas horrendas com elas e depois admiti minha própria coragem e engoli meus sucessos. (Certa vez assei patos e faisões, na mesma panela grande... uma coisa maravilhosa, que jamais confessei antes.) Esta receita é uma maneira excelente para apreciar uma ave de datas questionáveis (nascimento, morte, isso tudo), e tanto quanto eu saiba, ficaria um pouco melhor com uma de timing mais apropriado.

FAISÃO NORMANDIA

Doure o faisão na manteiga. Corte em quatro, descasque, pique e refogue levemente em manteiga quente 6 maçãs de tamanho médio e 3 cebolas pequenas. Ponha o faisão sobre a mistura numa terrina, salpique com cerca de ½ xícara de creme fresco, cubra e cozinhe em forno moderado por cerca de meia hora.]

A maioria das maneiras de cozinhar aves e caças com economia parece acabar inevitavelmente numa das formas do ensopado primevo. Há vários motivos, a maioria dos quais são seguidos intuitivamente pelas pessoas que querem comer a melhor comida possível pela menor quantidade de dinheiro e tempo.

Assar, por exemplo, exceto no caso de aves muito pequenas, como pombos, leva mais ou menos duas horas de atenção constante com uma colher para regar, enquanto um ensopado, depois que a carne sofre o primeiro cozimento, pode ser deixado aos seus próprios cuidados por cerca do mesmo período de tempo. (Tenha certeza de que o fogo está sob controle e a caçarola razoavelmente cheia de líquido antes de você se afastar.)

Uma ave ou animal pequeno assado, embora seja uma das coisas mais deliciosas que o homem inventou para comer, sai do forno sem acompanhamento, exceto suas próprias essências não consumidas, e, com muita frequência, encolheu um pouco na negociação. Um ensopado, por outro lado, parece compor uma refeição muito maior, porque geralmente se cozinham outras coisas junto que absorvem um pouco de seu sabor, e ao mesmo tempo produz uma quantidade generosa de molho cheiroso, que pode ser comido com a carne e também com arroz ou batatas, ou ainda com a humilde e poderosa côdea de pão.

Quanto a fritar aves, quem negaria as delícias de frangos submetidos a esse teste, se forem devidamente tratados? Com efeito, a acreditar nos cardápios de todos os Estados Unidos, frango frito está emparelhado com o filé grelhado na disputa pelo prato mais pedido por quem "come fora".

Por outro lado (o lado lupino da questão!), é caro fritar frango suficiente em boa gordura para uma família e acompanhá-lo com bom molho, purê de batatas, ervilhas na manteiga, biscoitos quentes e mel, e por fim a torta ou o sorvete que, desde que nosso país ficou sobre as próprias pernas pela primeira vez, têm significado Companhia ou Jantar de Domingo.

Um frango, se escapar de ser grelhado, deve pesar cerca de 1,3 kg. Se continuar crescendo e conseguir escapar novamente de ser assado aos 2 kg, está pronto (embora contra a vontade) "para enfeitar a panela de fricassê com aprumo e elegância", diz a sra. Mazza, "ainda jovem, ainda macio, mas maduro e no auge de sua rechonchudez". E se pensar nos vários molhos interessantes que podem abafar suas várias partes, depois de ter sido dourado em gordura honesta, você vai se admirar de alguma vez ter acreditado que a única boa maneira de prepará-lo era fritando-o.

Uma coisa a ser lembrada quanto a cozinhar qualquer ave, seja silvestre ou doméstica, é que uma boa esfregada de limão, nunca água, a deixará mais macia e conservará seus sabores. Outra coisa é que a mistura de manteiga e óleo ou gordura é a melhor para assar na panela: ela parece fazer um dourado mais igual e mais saboroso.

Se você comprou ou ganhou de presente um frango (é muito interessante nos dias que correm ter amigos generosos que vivam no campo e mandem brindes inesperados!), corte-o, esfregue-o com limão e tempere-o. Experimente um pouco de canela e pimenta-da-jamaica, com os onipresentes sal e pimenta-do-reino. Depois de dourado, ponha um punhado generoso de ervas picadas (salsa, manjericão, tomilho, alecrim, o que você puder colher ou comprar) e um dente picado de alho. Adicione 1 xícara de tomate, fresco ou enlatado, e um pouco de vinho branco seco. Mexa tudo, tampe e deixe cozinhar em fogo brando até ficar macio.

Na Itália, esse prato costumava chamar-se Pollo in Umido. [Um recurso ianque que jamais consegui saborear com interesse mais do que clínico é galinha ensopada com bolinhos de massa e molho espesso. Eu comi esse prato provavelmente na sua melhor forma e tenho certeza de tê-lo comido também na pior, e ainda o considero uma coisa pálida.] Variava um pouco em cada distrito ou aldeia — em cada cozinha, na verdade —, mas era sempre servido com o molho em prato separado, para ser comido com espaguete ou polenta.

Você pode perceber, provavelmente, como era bom. É uma dessas coisas "naturais" que têm lugar digno em qualquer refeição, seja servida no quente do verão numa sacada sem vento, ou nos meses ventosos ao lado de uma lareira. Qualquer que seja o *milieu*, é eminentemente satisfatório e, ao mesmo tempo, muito mais leve em seu bolso do que a mesma quantidade de frango à Maryland, ainda que você acrescente vinho e cogumelos e, talvez, uma pitada maluca de alcaparras em conserva ou sementes de capuchinha.

Você pode comê-lo amanhã também... e engane o lobo... e se for necessário, conforte-se lendo esta estranha citação de *Secrets of Nature* de Wesker, publicado em 1660:

> Tome a gansa, tire as penas, faça um fogo perto dela, não tão perto para que a fumaça a sufoque ou a queime depressa demais, nem tão longe que ela possa escapar. Ponha xícaras pequenas de água com sal e mel... também pratos de molho de maçã. Regue a gansa com manteiga. Ela beberá água para aliviar a sede, comerá as maçãs para limpar-se e esvaziar-se de esterco. Mantenha sua cabeça e coração úmidos com uma esponja. Quando ela ficar tonta de correr e começar a tropeçar, está suficientemente assada. Levante-a, ponha-a diante dos convidados: ela gritará enquanto você corta qualquer parte e estará quase comida antes de morrer... É extremamente prazeroso de contemplar.

Como rezar pela paz

Reza por paz, graça e alimento espiritual,
Por sabedoria e direção, pois tudo isso é legal,
Mas não esqueças as batatas.

J. T. Pettee, *Reza e batatas*

É fácil pensar em batatas e, felizmente para os homens que não têm muito dinheiro, é fácil pensar nelas com certa segurança. As batatas são uma das últimas coisas a desaparecer em tempo de guerra, o que é provavelmente um motivo para não serem esquecidas em tempo de paz.

Até as coisas mudarem de maneira ainda mais radical do que os pessimistas predizem, elas podem ser compradas em sacos em quase qualquer mercado. Há vários nomes para elas, alguns graciosos: Ruiva do Idaho, Rosa Branca, Beleza Tardia do Hebron. São uma hortaliça, brancas por dentro e protegidas por uma delicada e sedosa cobertura marrom que é como uma camada fina de cortiça, mas muito mais deliciosa quando lavada e cozida com o resto.

As batatas, como a maioria das hortaliças e animais, morre logo que sua pele é removida, portanto é melhor fervê-las ou assá-las inteiras e depois retirar a cobertura delicada, se você preferir comê-las descascadas.

Mas se suas papilas gustativas são realmente civilizadas, uma das melhores refeições do mundo é uma panela de batatas de tamanho médio com casca, fervidas vivamente em água quente até ficarem cozidas e depois coadas e "sacudidas" sobre uma chama por 1 minuto, até que a cobertura marrom rache. Jogue um punhado de ervas frescas picadas, como salsa, cebolinha e manjericão, e um pouco de manteiga e chacoalhe tudo [Uma variação celestial é adicionar a ervilhas frescas, cozidas rapidamente em um pouco de caldo de galinha ou água, depois coadas e passadas generosamente na manteiga, a metade da quantidade delas de batatas pequenas, cozidas e, é claro, com casca, e a metade da quantidade delas de cebolas pequenas cozidas.], ou ponha as hortaliças diretamente numa tigela quente e coma como os suíços, com um bom pedaço de queijo, uma boa porção de manteiga, sal e pimenta para cada mordida. Isso, com 1 copo de leite ou vinho branco e frutas, é uma ceia digna de Luculo.

Se a temperatura de seu forno está entre 150°C e 180°C, lave algumas batatas de tamanho parecido, seque-as e esfregue-as com um pouco de óleo ou manteiga. Se estiver com pressa, pode cortá-las, passando manteiga nas 2 metades, é claro. Assim que estiverem macias [... ou melhor ainda, sei agora, quando as levar ao forno], fure-as com um garfo para evitar que fiquem encharcadas, e então coma-as, se estiver com fome, com muita manteiga, sal e pimenta moída na hora, não esquecendo a delicada pele marrom.

Ou faça com cuidado uma cavidade nelas, misture rapidamente a parte branca com 1 ovo e alguns temperos, e ponha de volta na casca, com um pouco de queijo ou um par de salsichinhas em cima para dourar no forno. (Essas últimas batatas podem ser feitas várias horas antes de irem ao forno e ficam especialmente boas no inverno.)

[É uma pena que tanta gente não tenha ainda sido apresentada a uma boa sopa de batata, ou que tenha traumas de encontros antigos com uma imitação pastosa e desarrazoada. A maioria das pessoas que conheço está numa dessas categorias, até o dia que lhes dou, num almoço de inverno, numa ceia de domingo à noite ou em algum banquete informal, uma terrina fumegante de sopa baseada, também informalmente, na seguinte receita:

SOPA RÁPIDA DE BATATA

(Chamada sarcasticamente por meu pai de Sopão do Miserável...)

- 100 g de boa manteiga
- 4 batatas grandes
- 4 cebolas grandes
- 2 litros de leite integral
- sal, pimenta, salsa picada se aprazível

Derreta a manteiga numa frigideira funda e grande, ou numa caçarola à prova de fogo, na qual a sopa possa ser servida. Rale as batatas limpas no recipiente. (Gosto de deixar as cascas, mas a sopa não fica tão bonitinha, exceto se ervas frescas picadas e acrescentadas no fim mudarem sua brancura natural o suficiente para esconder os pedacinhos de pele marrom...) Adicione as cebolas raladas... ou cortadas em fatias bem finas. Aqueça a mistura até borbulhar, mexendo bastante. Reduza então o fogo e tampe bem por cerca de dez minutos, ou até que batatas e cebolas fiquem macias mas não moles, sacudindo a panela de vez em quando para não grudar. Adicione mais manteiga (ou gordura de galinha) se parecer boa ideia. Aqueça o leite até o ponto de fervura, mas não mais que isso, adicione lentamente à panela, tempere e sirva. As variações dessa receita são óbvias. Uma das favoritas de meu pai é a adição no último minuto de 1 xícara de mariscos cozidos e picados. Cerca de 250 g de cogumelos frescos ralados acrescentados pouco antes de adicionar o leite quente ficam ótimos. E assim por diante.]

São procedimentos tão simples, e outras maneiras de fazer alimentos compostos de amido são também tão simples, que é quase chocante ver como eles são, em geral, malfeitos. O arroz, por exemplo, que é um dos alimentos mais primitivos do mundo, se você considerar o número de pessoas sem instrução que o comem: com muita frequência ele fica pesado, grudento e não apetitoso, ou então é lavado até ficar insípido como cola de farinha e, provavelmente, menos nutritivo.

Há duas maneiras de ferver o arroz corretamente. [Quão arbitrária se pode ser? Eu deveria ter dito: "Acho que há...!". Ainda penso a mesma coisa, mas estou aberta à persuasão agora, sendo mais velha e, espera-se, mais sábia.] Uma delas é derramar 1 xícara de arroz bem lavado, lentamente, numa boa quantidade de água fervente com sal (pelo menos 3 litros) e deixar que rodopie na panela até que um grão se amasse entre os dedos.

Se ferver rapidamente, jamais grudará. Um pouco de manteiga [ou melhor ainda, um bocado de óleo bom...] evitará que a panela transborde e não prejudicará o sabor. Quando o arroz estiver quase pronto, deverá ser drenado para um coador (a água deve ser guardada se sua família toma muita sopa) e lavado com água fria. Então deve ser aquecido de novo com uma rápida imersão em água fervente antes de servir, ou pode ser aquecido no vapor até a temperatura apropriada. [Ainda prefiro no vapor, mas se pudesse reescreveria toda esta receita. Sugiro que quem reconhece o valor da boa cozinha numa vida deliberadamente cheia de amor, felicidade e saúde (isto é, todos os que se *importam* com a dignidade humana!), leia vários outros livros, e deles e deste e, principalmente, de *si mesmo*, tire sua própria conclusão.]

O outro método aceito é chamado, às vezes de chinês, às vezes de indiano, mas é bom se você souber usá-lo. Acho que o segredo é ter uma panela grossa, com uma boa tampa, e um fogão que quase se desligará completamente sem explodir.

ARROZ CHINÊS

- 1 xícara de arroz
- 1 ½ xícara de água

Lave bem o arroz, mudando a água várias vezes, até que não haja obscuridade. Ponha o arroz numa panela, adicione a água e leve para ferver. Ferva por cinco minutos sem a tampa. Diminua o fogo e deixe a água evaporar. Baixe então o fogo para o ponto mínimo, ponha a tampa e deixe vinte minutos sem mexer. Deve formar uma crosta no fundo, mas não deve queimar.

A última frase dessa receita é uma advertência, mas não deixe que ela a perturbe se gosta de arroz e quer comê-lo da melhor maneira; jamais cozinhei dessa forma sem que ele grudasse na panela, mas, à força de muito cuidado, jamais queimei o arroz. E cada vez que repeti a receita, ela pareceu mais simples.

[Se a crosta não mudou de cor, ponho um pouco de caldo ou leite e faço qualquer coisa, de sopa a pudim, com os grãos macios que descolam aos poucos e se misturam ao líquido... certamente, um modo agradável de limpar a panela!]

Arroz, cozido de uma maneira ou de outra, é um acompanhamento ideal para quase todos os pratos que têm um molho saboroso. É uma dádiva dos céus para transformar restos em aventuras gastronômicas e suporta ficar na geladeira e depois ser requentado mais de uma vez. Na sobremesa, pode ser usado com ovos, leite e passas, como qualquer criança do *fin de siècle* sabe. Ou fica bom, se você tem gostos simples, frio com um pouco de açúcar mascavo e leite, antes de dormir ou como lanche rápido... uma volta rápida à infância, o que pode ser realmente confortador.

O arroz integral é melhor que o refinado, pois conserva mais a casca nutritiva. Demora mais para cozinhar do que outros tipos. O arroz branco, em especial se você encontrar a variedade chinesa curta e rechonchuda, é bem leve e fica seco e fofo quando preparado corretamente. [Um novo tipo "instantâneo" está por toda parte. Uso arroz tão simplesmente que deve ser muito bom, mas cozinheiros que fazem miríades de troços-formas-anéis dizem-me que é a perfeição. Continuo a lembrar da água em que certa vez despejei ½ kg desse tipo, depois de alguns minutos de lavagem: estava túrgida de substâncias químicas.]

Outra maneira de cozinhar arroz, que parece mais inteligente do que fervê-lo, quando se pensa na terrível monotonia pastosa do que se serve geralmente em nosso país, é cozinhá-lo em óleo e depois com outras coisas, em vez de água pura. Pode ser chamado de risoto, ou sopa de arroz, ou *pilaf*, mas se trata de arroz dourado gentilmente em óleo ou manteiga, com as ervas que se quiser, e depois cozido sem mexer numa panela pesada com vinho ou caldo até ficar macio. Pode-se acrescentar carne, ou cogumelos, e açafrão nos velhos tempos em Milão, ou linguiça calabresa, e amêndoas e passas em Cingapura, antes de a guerra chegar à cidade.

É importante [não *muito* importante, decidi com o inevitável e talvez cínico laissez-faire do Tempo], em qualquer desses risotos, secar o arroz lavado numa toalha e não ficar mexendo depois de acrescentar o líquido. Sempre tenha mais caldo do que acha que vai precisar e adicione 1 xícara por vez quando o líquido desaparece, de tal modo que no final a mistura está seca e fofa, sem molho visível.

Quase todas as misturas feitas com módica inteligência gastronômica e mão generosa com o molho são bem servidas com arroz, que pode ser deixado para o dia seguinte e requentado, ou mesmo tirado de uma lata. [Arroz cozido de lata? Estava eu sonhando? Deveria perguntar ao meu merceeiro? Onde eu andava? Mea culpa.] Macarrão e espaguete têm a mesma resistência abençoada aos maus-tratos, e, depois de ignorados vários dias na geladeira, podem ser aquecidos no vapor e transformados em companheiros mais do que aceitáveis de boas refeições.

Uma caçarola muito simples, que é deliciosa com presunto assado, é feita de macarrão levemente fervido com muito sal e pimenta e uma lata de cogumelos em pedaços que foram bem dourados em manteiga ou óleo bom. Você pode pôr farinha de rosca em cima, se preferir [... ou um punhado de cabelos-de-anjo (mais finos que *vermicelli*) esfarelados, bem torrados numa panela seca].

Qualquer um desses compostos de amido... *pastasciutta*, arroz, batatas... pode ficar bom sozinho, aquecido [Aqui eu queria dizer simplesmente "requentado" a segunda ou terceira vez. O truque é cozinhar mais do que o necessário para uma refeição, mas cozinhar *pouco* e não até virar mingau. Esses restos ficam excelentes fritos, da maneira como os chineses tratam o arroz.] e depois misturado numa panela de banho-maria com manteiga, páprica, um pouco de alho se lhe apraz e uma generosa borrifada das ervas frescas picadas que você tiver em casa. O alho deve ser tirado da manteiga antes de se acrescentar o resto.

O espaguete, uma das comidas simples mais incompreendidas do mundo, pode ser uma das melhores quando recebe o tratamento adequado. Em primeiro lugar, deve ser bom, fresco e feito com semolina honesta, para que seja duro quando cru, e fique firme, limpo e liso quando sai da panela.

Deve ser cozido numa grande quantidade de água fervente com sal e mexido com frequência. Depois de cerca de 20 minutos, deve ser experimentado várias vezes, apertando-se entre o polegar e o indicador, para que não fique passado demais, mole e encharcado. Quando está *quase* macio, ponha um pouco de água fria na panela a fim de deter o cozimento e então coe bem, para não prejudicar o molho que será usado.

A próxima coisa importante é servir enquanto está quente e no auge de sua textura. Se, como eu, você gosta da massa na sua forma mais simples, tenha à mão uma panela quente com uma generosa porção de manteiga derretida. Ponha o espaguete, evidentemente com seus longos fios originais, sobre a manteiga, mexa algumas vezes e corra para a mesa. Ali, em pratos quentes, deixe seus convidados comê-lo com mais manteiga, sal e pimenta moída na hora e queijo parmesão ralado. Saladas, frutas e uma plenitude de vinho tinto leve completam essa refeição perfeita.

Se você gosta de molho em seu espaguete, ou em qualquer de seus cinquenta filhos, como *vermicelli*, *fettuccine*, *pennini*, pode perpetrar quase tudo o que sua fantasia inventar — lembrando sempre que cogumelos, molho de tomate e ervas deveriam fazer parte dele.

É bom lembrar de nunca usar farinha nesse molho, nem sopa de tomate enlatada, mas de sempre deixar o tomate fresco ou em lata engrossar por si mesmo. Outra coisa importante é ter o molho pronto antes de cozinhar a massa e, do mesmo modo, ter seus convidados prontos para comê-la antes de servir o prato, pois uma vez cozido e misturado, ele não pode esperar. O molho pode ser preparado muitas horas antes, mas se por acaso tiver de servir a massa muito tempo depois de cozida, coe-a e lave-a bem antes de ficar no ponto e depois aqueça-a rapidamente em água fervente na hora de servi-la.

Tenha sempre pronta uma travessa generosa e quente para colocar a massa e o molho, que devem ser levemente misturados logo antes de servir, ou então faça um monte com a massa e coloque o molho no centro, que serão servidos juntos para cada pessoa. O queijo ralado deve ser servido separadamente.

Um dos melhores molhos para espaguete é, ou era, um preferido em Nápoles; é tão simples e satisfatório que até carnívoros renitentes esquecem suas fomes condicionadas quando o comem. (É agradavelmente econômico também.)

MOLHO NAPOLITANO PARA ESPAGUETE

- 5 colheres de azeite de oliva (ou substituto decente, se houver)
- 2 dentes de alho
- 1 cebola
- 1 cenoura
- ½ pimentão
- 2 xícaras de molho de tomate (2 latas pequenas)
- sal, pimenta
- 3 colheres de ervas

Pique o alho, a cebola, a cenoura e o pimentão no óleo. Cozinhe, mexendo suavemente por dez minutos. Adicione o molho de tomate, os temperos e as ervas, tais como manjericão, tomilho e salsa, picadas. Cozinhe lentamente durante cerca de vinte minutos, mexendo com frequência. Sirva com massa quente e queijo ralado.

É provável que a coisa mais parecida com polenta que nosso país pode reivindicar é o pão de colher sulista, um prato saboroso e mais caro, e ao mesmo tempo mais limitado do que seu ancestral italiano. É realmente muito bom, como qualquer cozinheira da Carolina, do passado, presente ou futuro ficará contente de provar para você. Pode ser servido, delicado e soltando fumaça, com frango ou qualquer caçarola que tenha pronta. Pode servir até de espinha para um resto de molho, ao qual você adicionou provavelmente cogumelos enlatados, algumas ervas frescas e xerez. [Uso muito azeitonas nessas misturas, as pretas de tamanho médio ou pequeno, em metades ou picadas. É melhor passá-las — e os cogumelos — em um pouco de óleo ou manteiga, depois adicionar as ervas, depois o resto de molho e finalmente o xerez. Ninguém contesta e todos ficam satisfeitos, em especial os que detestam azeitonas, dos quais existem muitos.]

PÃO DE COLHER DO SUL

- 2 xícaras de fubá
- 1 ½ xícara de leite doce
- 2 xícaras de água fervente
- 1 colher (chá) de sal
- 3 colheres de manteiga derretida
- 3 ovos

Peneire o fubá três vezes e misture até ficar uniforme na água fervente. Adicione a manteiga derretida e o sal e afine com o leite.

Separe os ovos e bata até ficar leve, pondo primeiro as gemas e depois as claras na batedeira. Despeje numa fôrma untada, asse cerca de 30 minutos em forno moderado (180ºC) e sirva na fôrma.

Em contraste com esse prato um tanto efêmero e senhoril, a polenta é uma mistura robusta, rude, quase truculenta, do tipo que sobreviveu a séculos de obediência amorosa de gente simples e faminta. É realmente um mingau de fubá, nada mais. Mas é vestido para a feira, em suas roupas mais excitantes, e pode ser o sustento de uma família pobre ou o prato central de uma ceia para vinte críticos literários enfastiados com a mesma *nonchalance*. [Uma das coisas mais dolorosas de X comentar X é uma frase como essa. "... com a mesma *nonchalance*" deveria vir depois de "pode ser". Isso é aparentemente mais óbvio para X agora do que era em 1942. X enrubesce.]

A polenta deve ser preparada pouco antes de ir à mesa, e os pratos devem estar quentes, pois, como todos os farináceos, esfria rapidamente e perde um pouco de seu gosto no processo. Pode ser cozida por cerca de uma hora numa panela de ferro grossa e mexida constantemente com uma colher de pau. Vai se formar uma crosta na panela que não deve ser perturbada nem queimar. Ou pode ser feita em banho-maria, durante três horas sem mexer. O primeiro método é mais rápido, mas exige mais atenção. Se ficar grossa demais, adicione mais água.

O molho para polenta, que pode praticamente ser tudo o que você gosta, desde que seja escuro e aromatizado com ervas e cheio de pedaços suculentos de cogumelos, azeitonas e o que mais quiser, pode ter carne ou frango, ou até crustáceos, de acordo com seu bolso. Ou pode se segurar sozinho, como experimentei várias vezes, sem qualquer ajuda de carne, ave ou peixe. Faça-o no dia anterior, se quiser.

A coisa principal a lembrar é provavelmente que polenta não é farinha de milho comum, mas uma "moagem" mais grosseira, que pode ser comprada em qualquer empório italiano, ou em grandes supermercados.

POLENTA

- 3 xícaras de água fria
- 3 xícaras de água fervente
- 2 xícaras de fubá
- 2 colheres (chá) de sal
- (1 xícara de queijo Monterey ou de cabra suave cortado em cubinhos; opcional, mas bom)
- queijo parmesão ralado

Misture o fubá gradualmente com a água fria para formar uma pasta uniforme. Adicione-a devagar à água fervente com sal, mexendo constantemente para evitar grumos. Se fizer em banho-maria, cozinhe sem mexer durante três horas. Na panela de ferro, mexa gentilmente de vez em quando, durante uma hora, com uma colher de pau, cuidando para não perturbar a crosta que se formará nas paredes da panela.

A polenta deve ficar com a consistência de comer com colher. Se ficar grossa demais, adicione mais água quente.

Por fim, adicione, mexendo, os cubinhos de queijo, se quiser. Faça então um monte e cubra com queijo ralado, para ser servido separadamente com o molho que preferir. Ou faça um círculo em volta do molho no prato.

MOLHO DE CARNE PARA POLENTA

- ½ xícara de azeite de oliva ou outro óleo bom
- 1 cebola grande picada
- 1 dente de alho picado
- 1 xícara de aipo picado
- 1 cenoura cortada em fatias finas
- 1 lata grande de tomates
- 1 folha de louro
- 1 cravo
- 2 pimentas em grão
- sal e ervas a gosto
- ½ xícara de cogumelos secos
- 1 xícara de água quente
- 1 ½ kg de carne cortada em cubos de 2,5 cm

[Acho que é carne demais e em pedaços grandes demais. Ficaria com metade disso, picada em pedaços bem menores. E decidi que um galhinho de alecrim fresco ou seco é uma erva feliz para acrescentar e depois tirar no fim. E gosto de pimentão, em lascas ou quadrados.]

Frite levemente a cebola, o alho, a cenoura e o aipo até que fiquem relaxados e comecem a dourar. Adicione os tomates, temperos e ervas (tomilho, manjericão, manjerona).

Deixe os cogumelos de molho na água quente até ficarem macios. Corte em pedaços pequenos, drene a água e adicione tudo ao molho. Tampe e deixe cozinhar sem ferver por três a quatro horas.

Doure a carne em um pouco de gordura ou óleo. Adicione um pouco de água fervente ou caldo e deixe cozinhar em fogo brando até ficar macia. Adicione ao molho cerca de uma hora antes de servir, para que os dois combinem seus sabores.

Sirva numa tigela grande, para ser despejado [melhor dizer: posto com concha] sobre a polenta fatiada em cada prato.

Um molho feito com galinha é menos temperado. Com lebre, fica melhor se você usar um bom vinho seco em vez de água, como, aliás, qualquer molho, segundo seus gostos e preconceitos. [Se feito com camarões cozidos, eles devem ser acrescentados cerca de dez minutos antes de ir à mesa. Mariscos, ostras ou camarões, crus e sem casca ou crus e congelados (e, evidentemente, descascados!), devem ser cozidos em manteiga até se enroscarem e então adicionados logo antes de servir. E assim por diante... uma combinação de senso comum e coragem é indicada!]

A polenta é um daqueles senhores sem idade da culinária, como o pão. Brotou da fome da humanidade e sem esforço aparente sempre carregou consigo um sentimento de força, dignidade e bem-estar.

Custa pouco prepará-la, se há pouco para gastar, ou pode ser extravagante e opulentamente perfumada com vinhos e coisas que tais. Pode ser feita com obstinação, com uma orelha levantada para a velha farejada do lobo sob a porta, ou pode apresentar-se como um aceno bem nutrido para outros dias mais simples. Mas não importa com que fantasia possa estar vestida: sua simplicidade fundamental sobrevive, para confortar nossas almas, bem como nossas barrigas, do jeito que uma boa e sólida fuga conforta, ou uma manhã quente de primavera.

Como ficar contente com um amor vegetal

*Se ele está contente com um amor vegetal que
com certeza não me serviria,
Ora, que jovem mais especialmente puro este
jovem puro deve ser!*

W. S. Gilbert, *Paciência*

A pureza pode ter algo a ver com um amor vegetal, mas é quase certo que não tem nada a ver com o amor por vegetais, pois Petits Pois à la Française são conhecidos por apelar às emoções mais baixas bem como às mais elevadas de pelo menos um pecador empedernido.

[Há, é claro, uma excelente receita desse prato ingênuo e delicado em Escoffier e em muitos outros livros de culinária. E como muitos cozinheiros, eu raramente presto atenção nela. Em vez disso, adapto os modos aos meios: uso ervilhas congeladas uniformemente medíocres de preferência às ervilhas imprevisivelmente desiguais do mercado, se não posso colhê-las de uma horta agora desaparecida. Se tenho boas cebolas ou chalotas da horta, utilizo-as.

Se tenho minhas próprias alfaces, fico mais feliz, mas muitas vezes me conformei em silêncio com uma cabeça pequena de uma "Alasca" insípida (que é insultuosamente chamada de Alface Los Angeles em San Francisco!). Uso manteiga salgada, por falta da sem sal. E assim por diante. Meus Petits Pois mais ou menos à la Française sempre me agradaram... desde que eu consiga que o telefone não toque no momento em que as ervilhas devem ficar prontas, o que pode deixá-las pálidas ou enrugadas.

PETITS POIS À LA FRANÇAISE

- ½ xícara de água
- 1 cabeça de alface
- 6 talos de cebolinhas verdes
- um punhado de salsa
- 1 kg de ervilhas
- 100 g de boa manteiga
- sal, pimenta fresca

Ponha a água numa caçarola ou panela pesada; sobre ela, coloque as folhas de alface despedaçadas; adicione as cebolinhas cortadas em pedaços de 5 cm, usando as cabeças, e a salsa picada. Ponha as ervilhas sobre essa cama, com um naco de manteiga em cima. Tampe bem e deixe chegar lentamente à fervura, chacoalhando de vez em quando. Baixe o fogo, deixe cozinhar por cerca de cinco minutos e sirva imediatamente, misturando tudo muito bem e temperando a gosto. Não deve sobrar quase nenhum líquido. Pode-se acrescentar mais manteiga no fim, se parecer desejável.]

O que pode ser dito sobre hortaliças como forma de entretenimento gastronômico é melhor dizer de maneira simples, pois, vencido o comportamento básico, todas as receitas dependem de você e do que você precisa.

Quase todas as hortaliças são boas, embora haja ainda alguma dúvida sobre a pastinaca (que eu compartilho). [Não tenho mais dúvidas. Eu *sei*. E a rutabaga entrou para esse grupo exclusivo.]

Todas elas, macias ou duras, de casca grossa ou fina, morrem quando são descascadas... tal como você e eu. Portanto, é melhor cozinhá-las sempre com casca, pelo menos até ficarem parcialmente cozidas, e depois prepará-las como você planejou.

Com exceção do repolho e de nabos muito duros e provavelmente incomíveis, as verduras devem ser cozidas na menor quantidade de água possível. [Sei agora que posso cozinhar um repolho partido em quatro em 1 xícara de água, e repolho desfolhado em nenhuma água, mas com uma pequena porção de manteiga e um pouco de gordura ou óleo dos bons. Quanto aos nabos que descrevo tão grosseiramente... para que se preocupar?] As panelas a vapor são boas, ou as novas panelas de pressão, que são tão econômicas, desde que você possa comprá-las.

Quando não vai ser usado como molho, com um pouco de manteiga misturada, o que sobra do vapor e da água deve ser guardado numa garrafa na geladeira. Os sucos desse tipo podem ser misturados e depois batidos antes de serem usados.

E usados eles serão: em sopas ralas, como caldo para molhos, como um estimulante rápido quando você estiver cansada (gelados com um pouco de sumo de limão ou parte igual de suco de tomate). Os sais naturais de todas as diferentes hortaliças farão geralmente um caldo de gosto picante, sem nenhum sal nem pimenta.

O mesmo vale para quaisquer líquidos de hortaliças enlatadas: jamais devem ser jogados fora, mas guardados em garrafas, com o devido respeito por seu valor, junto com o resto das essências.

Verduras enlatadas são geralmente boas e com frequência têm mais das vitaminas e sais minerais necessários do que as mesmas hortaliças cozidas em casa. Isso é principalmente verdade porque elas são cozidas dentro da lata e, portanto, não perdem nenhum de seus atributos. Além disso, as indústrias, ansiosas por aumentar o peso de cada lata, usam o máximo que podem de água, que quando chega à sua casa está enriquecida e plena de sabor.

As hortaliças congeladas são muito boas. As orientações das embalagens devem ser seguidas com bastante cuidado, exceto que, em geral, necessita-se de menos tempo do que dizem para cozinhar perfeitamente ervilhas, vagens ou milho.

Por falar nisso, *nenhuma* verdura deve ser cozida pelo tempo que você pensa. Evidentemente, isso depende um pouco da altitude, do combustível e da panela, porém, em geral, a verdade é que as hortaliças são quase sempre cozidas demais.

Algumas pessoas usam sal na água, mas eu prefiro deixar os temperos para o fim. As verduras parecem mais macias, e os sabores da manteiga sem sal e da pimenta moída na hora ficam mais característicos.

Esse não é o caso, naturalmente, das ervas frescas: devem ser colocadas desde o início, amarradas num feixe se você pretende retirá-las antes de servir. [Meu gosto mudou. Algumas ervas, mas não todas, devem ser bem cozidas. Alecrim, por exemplo, pode cozinhar muito tempo num frango na panela ou num molho. O mesmo vale para tomilho, ou louro. Mas manjerona, salsa, erva-doce... ponho-as no fim. É aparentemente uma questão tanto de favorecimento atual quanto de condimento! As possibilidades de seus sabores, misturadas ou sozinhas, são ilimitadas: manjericão, manjerona, tomilho, sálvia, menta, erva-doce... que delícias elas fazem surgir, se você decidir assim!

É possível, e também prático, comprar hortaliças uma ou duas vezes por semana num supermercado, e prepará-las todas de uma vez. [Trata-se de fato de uma ideia prática, mas não a aprovo em teoria. Os valores gastronômicos da maioria das verduras diminuem com o tempo.] É uma tarefa demorada porém repousante lavar, cortar, picar e depois cozinhar o que você vai querer nos próximos dias, e há algo mais do que satisfatório nas belas pilhas de verduras frescas sobre o seu escorredor.

Você deve cozinhá-las pouco, e depois, quando estiverem frias, guardá-las na geladeira, em recipientes fechados, se tiverem um sabor acentuado como a couve-flor. Você se sentirá bem abrindo o refrigerador e vendo várias refeições praticamente prontas para comer. Pode pensar em coisas simples para um prato, como farinha de rosca amanteigada e quente sobre a couve-flor, ou uma lata de brotos de feijão misturada com pimentão picado e vagens.

Ou pode planejar um grande guisado no fim da semana, de todas as verduras que sobrarem, jogadas numa frigideira funda com um pouco de bacon picado e tomates. Ou uma fritada, feita com ovos. Ou uma salada delicadamente estimulante, feita numa tigela do jeito que você costumava ver em Veneza, o cozido e o cru misturados num casamento excitante. [Uma das hortaliças felizmente mais ubíquas é a batata nova, de preferência de casca rosada e pequenina. Em saladas, é maravilhosa. Quente, combinada com ervilhas ou vagens, ou cogumelos grelhados, ou ou ou, é celestial. Sozinha, numa névoa de manteiga sem sal, é divina. E não há palavra adequada em meu léxico para essas batatas muito frias, com casca, é claro, com uma tigela de creme azedo espesso ao lado para embebê-las.]

Há muitas maneiras de amar um vegetal. A mais sensata é amá-lo bem tratado. Então você pode comê-lo com o saber confortável de que será alguém melhor por isso, em espírito e no corpo também, e jamais terá de se preocupar com o fato de seu próprio amor ser vegetal.

Como fazer uma grande exibição

Com economia e boa administração, com o uso moderado do dinheiro disponível e quase não pagando ninguém, as pessoas podem conseguir, por algum tempo ao menos, fazer uma grande exibição com muito poucos meios.

Thackeray, *A feira das vaidades*

Apesar da onda atual de interesse por economia gastronômica e doméstica, provocada pela primeira percepção da guerra aqui em casa, nem mesmo a revista mais entusiasmada aconselha uma filosofia tal como a praticada pela Becky de Thackeray. Sua atitude era cínica e provavelmente destituída também daquele leve toque de sentimento que quase toda mulher aprecia em suas relações com o mundo. Pois, sem sentimento, como você poderia explicar algumas das incríveis sugestões de economia oferecidas no final dos livros de culinária dos últimos cem anos, mesmo ainda em 1925?

Tenho certeza de que um forte mas secreto desejo de impressionar sua sogra, ou talvez seu marido ou filha em crescimento, com seu bravo martírio e heroísmo, é tudo o que faria você seguir a maior parte das "sugestões úteis", ou o que é chamado num espantoso livro inglês de Rugas para o Cozinheiro.

O problema do combustível parece sombrio e escasso? Eis algumas sugestões que parecem tocadas por uma espécie de fantasia sórdida até que você as experimente. Então, elas funcionam realmente, e a fazem sentir-se nobre e corajosa ao mesmo tempo.

Consiga um pacote de argila refratária com um bombeiro e misture-a com água para formar uma pasta rija. Faça bolas do tamanho de laranjas (ou um pouco menores se você está pensando em laranjas-de-umbigo da Califórnia). Seque-as no forno: você está fazendo mesmo batatas assadas ou um assado naquela noite. Deixe-as até o dia seguinte no forno desligado, e quando parecerem secas, ponha-as no fogo.

Isso é tudo. Elas ficam incandescentes e liberam uma grande quantidade de calor, e se você tratá-las com delicadeza, durarão "séculos", como o livro afirma um tanto ingenuamente. Da mesma maneira um tanto ingênua, elas são chamadas de Pontos Quentes!

Ou, se você não quiser se emporcalhar com argila úmida, ponha uma ou duas latas de estanho vazias no centro do fogo... se você ainda tem latas de estanho. Elas durarão três ou quatro dias e conservarão uma quantidade grande de calor, que aparentemente estava indo embora pela chaminé.

E você pode fazer uma boca de fogão a gás aquecer cerca de 4 panelas se puser uma chapa de ferro de 70 cm^2 sobre ela e se você tem um fogão antigo. (Essa "dica" cheira definitivamente a 1897, quando foi publicada.) Um fogão moderno com suas bocas assentadas em grandes espaços de esmalte branco ficaria provavelmente arruinado e sem salvação depois dessa tentativa de economia.

Mil outras sugestões de como economizar dinheiro são igualmente datadas, na maioria dos livros. Quantas mulheres se importam agora em saber como limpar almofadas de crina de cavalo, ou o que fazer com colchões de penas na muda... ou mesmo como "tratar uma Cama de Metal Artística"? (Exceto como motivo de conversa num coquetel.)

Em quase todas as listas, que ficam geralmente no final do volume, logo antes do índice, e são chamadas desde Grandes Ajudas em Pequenas Sugestões até Experientia Docet, há pelo menos um palpite sobre como curar soluços. Isso parece estranho, ou talvez seja meramente uma admissão sem tato de que algumas das receitas que o precedem não são muito digeríveis.

Em Caso de Incêndio é outro tema constante, com conselhos para apagar o fogo que vão de jogar ½ kg de enxofre pela chaminé a fazer líquidos complicados, que devem ser armazenados num porão escuro e fresco... e a jogar muita água.

A beleza, como não poderia deixar de ser, é outro problema bem coberto por essas dicas. Para Clarear os Braços, Uma Loção para Remover Sardas, Um Remédio para Pés ou Pontas de Dedos Delicados... como tudo isso traz de volta uma lembrança tênue mas estonteante das grandes beldades, de pesadas grinaldas de veludo, de abajures cor-de-rosa, de charutos-com-vinho-do-Porto!

Mas quando as beldades ficavam um pouco menos belas e seus cabelos um pouco mais ralos nas laterais dos penteados, será que elas realmente esfregavam seus couros cabeludos com suco de cebola várias vezes por semana? Será que punham (*podiam pôr?*) gasolina com liberalidade em suas cabeças todos os dias e óleo de coco três vezes por semana, se suas madeixas douradas começassem deveras a cair?

Ou será que elas se recolhiam a seus *boudoirs*, liam uma sugestão chamada singelamente de Colapso Nervoso, e passavam a desenvolver todos os seus fenômenos cuidadosamente detalhados?

Algumas das receitas para as necessidades familiares dadas nesses livros são, no entanto, realmente úteis, como uma chamada Uma Lavada Agradável de Dentes, que foi descoberta vários meses atrás por uma mulher com cinco filhos, os quais gargarejavam, faziam zunir e cuspiam incontáveis litros de soluções antissépticas caras com desenvoltura gargantuesca.

Trata-se de uma fórmula sugerida por um livro impresso durante a Primeira Guerra Mundial, quando o álcool era quase tão custoso e difícil de encontrar na Inglaterra quanto o será em breve nos Estados Unidos durante a Segunda; é um substituto agradável, barato e em geral adequado dos vários antissépticos engarrafados que fomos educados para considerar como parte intrínseca de nossa toalete diária.

ANTISSÉPTICO BUCAL

- 50 g de bórax
- 1 litro de água quente
- 1 colher (chá) de tintura de mirra
- 1 colher (chá) de essência de cânfora

Dissolva o bórax em água muito quente. Quando esfriar, adicione os outros ingredientes e engarrafe. (Um pouco de coloração cor-de-rosa pode ser acrescentada se seus filhos exigirem.)

Há muitos pós dentifrícios que podem ser feitos ao custo de alguns centavos e que, após o primeiro choque, são tão bons quanto os comerciais. Certa vez, quando estava muito necessitada de dinheiro (para usar um eufemismo explícito), utilizei uma combinação de partes iguais de bicarbonato de sódio e sal comum, misturadas num pote de conserva com algumas gotas de hortelã-pimenta para reduzir a desgraça, ou a maior parte dela. [Era horrível. Ainda lembro com revulsão, e se tivesse que depender daquilo de novo, preferiria usar um galho de salgueiro, ou deixar meus dentes caírem.]

E depois há uma receita em um dos livros de culinária mais antigos que diz para misturar partes iguais de sabão feito com azeite de oliva, rizoma de lírio florentino em pó e cré precipitado. Sou incapaz de ver esse tipo de sabão em outra coisa senão barras biliosas desiguais e de bordas agudas e, sob exame maduro, não usaria nunca essa receita, pois penso que poderia ser quase tão desagradável quanto parece ao ser lida.

E sabão: será provavelmente mais difícil em tempo de guerra do que você imagina. As mulheres inglesas, sussurram os jornais, estão pondo coadores especiais no ralo de suas pias para reter toda a gordura... um quadro feio, mas talvez não muito mais do que aquele evocado por esta receita:

SABÃO DE IMITAÇÃO

Misture partes iguais de sabão de potassa, tijolo para limpar metais e cré. Amolde em barras apropriadas. Seque lentamente.

Se você quer ficar limpo e manter ao menos parte da pele onde ela deve ficar em seu corpo, a receita seguinte talvez seja mais misericordiosa:

PARA FAZER SABÃO

- 2 kg de sebo derretido (gorduras não apropriadas para comer)
- 1 lata de ½ kg de lixívia
- 1 litro de água fria

- 3 colheres (chá) de bórax
- 1 colher (chá) de sal
- 2 colheres de açúcar
- ½ xícara de água fria
- ¼ de xícara de amônia

Dissolva a lixívia em água fria e deixe esfriar. Adicione então o sebo lentamente, mexendo sempre. Junte os outros ingredientes e adicione à primeira mistura. Mexa tudo até ficar grosso e de cor clara. Ponha numa panela forrada com pano e marque em peças antes que o sabão fique duro. Quando estiver duro, quebre e empilhe para que seque completamente.

Há muitas variantes dessa regra básica, que é puramente funcional, tem aparência feia e cheiro pior. É melhor do que nada, porém — *muito melhor,* se você concordar que a limpeza vem logo abaixo da santidade. [Para uma amiga na Inglaterra, mulher bela e pouco santa mas muito limpa, mando periodicamente um pacote com cerca de cinco tipos de sabão simples e bom: em pó, em flocos, em barras não perfumadas. Ela adora isso mais do que orquídeas.]

Há uma receita, de novo de um livro inglês, que me intriga há muito tempo e que basta ser lida por algum mestre da cara de pau para parecer a sugestão mais comprometida. Fala de uma certa coisa, mas até mesmo minha mente aturdida acha que quer falar de outra coisa e, ao mesmo tempo, poupar os delicados sentimentos de verdadeiras damas de origem e criação.

PARA CURAR CERNELHAS MACHUCADAS

Damas que cavalgam escarranchadas no cavalo podem ficar contentes com o seguinte remédio... Ponha sobre a parte ferida ou machucada um torrão úmido de terra, com cerca de 5 cm de espessura, moldado lateralmente junto ao cavalo. Deve ser cerca de 5 cm maior que a parte afetada. Prenda sob o lençol e faixa. Deixe no local toda a noite.

Você pode usar folhas de chá (para escapar com diligência discreta para outro campo) numa quantidade alarmante de maneiras, depois que cumpriram sua função natural de fazer chá. São ótimas para controlar a poeira em tapetes Aubusson, diz o livro... ou em qualquer tipo de tapete. Tornam mais fácil limpar uma lareira sem espalhar cinzas por todo lado. São boas também para limpar garrafas de água por dentro, diz novamente o livro, mas é difícil entender por que o interior das garrafas de água estaria sujo, senão de água. [Eu evidentemente não sabia muita coisa sobre água em 1942! Desde então, descobri que nada é capaz de fazer manchas piores e que a melhor maneira de manter as garrafas brilhando é usar algo como KeNu nelas. O fato de ter alimentado dois bebês provavelmente aumentou meu conhecimento!]

Você também pode macerá-las e tingir renda com elas, graças a Deus.

E para resumir toda a atmosfera de economia tal como era pregada, se não praticada, na seção de livros de culinária de gerações diferentes da nossa (de novo, damos graças!), eis aqui uma dica que pode ser encontrada em pelo menos cinco volumes, o primeiro editado em mil oitocentos e quarenta e qualquer coisa, e o último pelas Damas da Guilda de São Matias de uma igreja do faroeste em 19 — sim, 19, não 18 — 25. Está escrito, em cada versão, quase exatamente assim, e deveria ser uma lição para todos nós:

PARA ENCHER ALFINETEIRAS

Borra de café, bem macerada e seca, dá um excelente enchimento. Ela é econômica, evita que as agulhas e alfinetes enferrujem, e não fica compacta.

Pax Vobiscum.

Como ter um pelo macio

Eu adoro a gatinha!
Seu pelo é tão quente!
E se eu não machucá-la
Ela não me fará mal.*

John Sebastian Doe

Essa canção otimista fez provavelmente mais para exasperar os poetas embrionários do que qualquer outra em língua inglesa. Não é apenas hipócrita e pegajosa: tem uma rima impossível. A última palavra deveria ser *horm*, a não ser que você fale em dialeto alemão; e o que é *horm*? Poderia ser um novo tipo de pasta para sanduíche, ou um tônico revitalizador, mas não é certamente o que Gatinha fará a você. Porém, Gatinha fará e pode fazer uma porção de outras coisas a você. (Gatinha é um nome

---

* "I love little pussy!/ Her coat is so warm!/ And if I don't hurt her/ She'll do me no harm."

insípido, associado em minha mente, durante cerca de trinta anos, ao rosto rosado e branco de olhos azuis da menininha doentiamente gorducha cuja figura ilustrava a canção infantil. Será mais conveniente, penso, supor que você tem um gato chamado Amora e um cachorro chamado P'ing Cho Fung pelo Kennel e Butch por você).

Amora e Butch, então, podem causar muita preocupação extra a você, agora que os homens decidiram viver em armas temporariamente.

Eles e outras criaturas peludas estão entre os primeiros a sofrer, como os humildes. É horrível pensar em todas aquelas lindas vacas gritando em agonia para serem ordenhadas ao longo das estradas da França e da Bélgica, enquanto as pessoas famintas passavam fugindo por elas. E, no começo desta guerra, espalhou-se na Inglaterra a ideia dolorosa de que os animais de estimação não deveriam beber e comer a comida preciosa, nem respirar o valioso ar do porão que seus donos poderiam usar. Em Honolulu, a mesma falta de consideração surgiu nos primeiros dias da guerra, e os civis foram instados a não desperdiçar comida com animais.

Há uma velha senhora excêntrica e rica em Cornwall, do tipo que costuma ser a vítima nas histórias de mistério, que foi apedrejada em 1940 por ter se recusado a matar seu gato e seu terrier. Mais do que isso, transformara seus porões e seu abrigo antiaéreo num refúgio para todos os bichinhos que pôde resgatar da aldeia em pânico. Parecia terrível para as pessoas alimentar e proteger animais enquanto crianças eram bombardeadas e podiam estar famintas também. A velha senhora era muito impopular, em 1940.

Mas, em 1941, não era mais. Àquela altura, ratos e camundongos gordos proliferavam por muitas outras aldeias que não a dela e, ao contrário de séculos de costume, as pessoas exultavam em vez de gemer ao ver uma gata vira-lata *enceinte*, ou ouvir um terrier caçando ratos no celeiro. Todas as velhas senhoras excêntricas e as outras pessoas que, por sentimento ou serenidade, tinham se recusado a eliminar seus Amoras e Butches foram louvadas, e confessou-se, como sempre acontece em qualquer lugar sitiado, que havia coisas piores do que compartilhar o que restasse de alimento com velhos amigos, mesmo os supostamente sem alma.

Está claro que é mais difícil e mais caro alimentar animais em tempo de guerra. Exige mais pensamento e planejamento, exatamente como acontece com os seres humanos.

Os cães são mais problemáticos que os gatos, pois acredita-se que sejam carnívoros e tenham pouca oportunidade para exercer essa natureza, felizmente para nós. (Porém, um dos mais lindos que já vi, com um pelo parecido com casaco de pele de cantora lírica russa, era vegetariano de nascença... e um cão policial mesmo assim!) Devem ser alimentados com mais despesa, se não mais cuidado, que o gato doméstico comum... que, se vale alguma coisa, fará um pouco de caça ao rato, com ou sem guerra, e pode se defender sozinho com a inspiração de um bom pires de leite de vez em quando e uma boquinha confortadora nos restos da cozinha. [A maioria dos gatos e muitos cães apreciam petiscos refinados, e sempre compartilho as sobras com minha companhia felina. Ela e eu mordiscamos a mesma comida, em diferentes pratos e níveis físicos, e sentimo-nos camaradas. É outro bom argumento a favor do valor espiritual dos restos, com seu sabor acumulado.]

Os cães, tal como os homens, podem ficar magros em tempo de guerra sem maior perigo e talvez algum lucro, e como os homens, mostrarão por seu aspecto exterior como suas dietas mais simples fazem bem a eles. Se seus olhos estão opacos, seus pelos sem vida e ralos, suas unhas rachadas e parecem presa fácil de nuvens passageiras de doenças, então estão malnutridos com tanta certeza quanto qualquer infeliz mantido vivo num campo de concentração à base de pão e sopa rala.

Há incontáveis livretes e panfletos, a maioria publicada por fabricantes de comida para animais, que ensinam como alimentar seu cão corretamente. Apesar da ânsia que têm em provar que Rex-O ou Pussy-Purr-More é o único alimento correto, a maioria deles concorda que uma dieta canina razoavelmente ideal deve consistir, grosso modo, em um terço de carne, um terço de verdura e um terço de amido. Isso, com variações individuais, é também a dieta básica do ser humano!

Em tempos de guerra, quando comer se torna menos um exercício gastronômico do que parte de uma firme vontade de viver, você pode usar o mesmo esquema de nutrição para Butch e para você, sem causar danos a nenhum dos dois. A maçaroca que descrevi no capítulo sobre como se manter vivo é, na minha experiência, a melhor dieta tudo-em-um para qualquer cão ou gato normal.

Pode ser feita de modo mais grosseiro, picada em vez de moída, para animais grandes, cujos intestinos são mais longos e fortes que o de um terrier ou o de um pequinês. Deve ser sempre servida em pedaços (fica muito sólida quando fria), mas jamais ensopada com mais água. Se possível, deve ser aquecida um pouco quando o tempo está frio. E uma refeição dessas por dia manterá qualquer tipo de cachorro que conheci em tal forma que os veterinários se entreolharão com ciúmes.

Outra coisa a ser dada a Butch e Amora é um bocado ocasional de fermento fresco. Parece deixar seu pelo ainda melhor e sua boca mais doce. Podem comer um quarto ou meio tablete de cada vez, uma ou duas vezes por semana. Não representa um peso adicional ao orçamento e vale a pena.

A maioria das comidas enlatadas respeitáveis é boa, em especial se for dada apenas eventualmente, como um regalo (o que também alivia o bolso). Podem ser misturadas à maçaroca, para durar mais.

Um ovo cru de vez em quando é um bom investimento também. [Meus filhotes comem às vezes uma gema crua na casca, e estou convencida de que seus pelos sedosos ficam mais sedosos graças a isso... e seus paladares mais felizes!] Deve ser misturado em leite ou na maçaroca, uma vez que é um tanto escorregadio para que possam pegá-lo com a língua e engoli-lo, imagino.

Se der leite enlatado, sempre o dilua, de preferência com suco de tomate ou com os sucos que você guardou para seu próprio uso de hortaliças enlatadas ou cozidas. Não é preciso dizer que seus animais precisam de vitaminas e sais minerais tal como os seres humanos e que o que você ingere disso deve ser compartilhado com eles, na medida em que assume a responsabilidade pela sobrevivência deles.

Quanto a mim, sempre disse (e pratiquei) [Isso ainda vale, como ainda é válido todo o capítulo.] que jamais daria a um cão ou gato aquilo que eu mesma não comeria. Às vezes, tem sido difícil jogar fora uma lata inteira de alguma comida nova recomendada que, quando abro, exala um tal cheiro de carne velha e temperos espúrios que eu jamais poderia engolir uma pequena amostra daquilo.

Em compensação, pode-se dizer com bastante segurança que aquilo que Butch ou Amora não tocarem não serve como alimento para você. Por exemplo, carne enlatada que se parece com comida para cachorro, exceto que é mais cara: se nenhum dos dois animais gostar dela, pode ter certeza de que está salgada demais ou impossivelmente rosada e sã com uma massa de conservantes que irá ressecar sua língua e queimar suas entranhas.

Certa vez, comprei impulsivamente uma generosa lata de salmão defumado fatiado da Polônia. Fiz um belo prato de hors--d'oeuvre com ela e depois, sentindo-me magnânima, pus uma fatia no prato de Bazeine, o Amora de então.

Ele cheirou o prato, recuou como se tivesse recebido um tapa e com um olhar desaprovador para mim desapareceu por dois dias. O mesmo que quase aconteceu com os seres humanos um pouco depois, uma vez que não consegui jogar fora quinze francos e servi o salmão, apesar da sugestão clara de Bazeine.

Na manhã seguinte, fiz uma pilha com todas as belas e finas fatias cor de laranja e levei-as pesarosamente para o buraco de adubo, depois do parreiral. Ainda estavam com aparência vistosa e deleitável, depositadas sobre todos os restos de verduras e flores mortas.

Meses depois, quando estava limpando as folhas de um magnífico melão que crescera de uma semente jogada no buraco e o cobrira durante todo o verão, vi o salmão defumado novamente.

Lá estava, exatamente onde eu o colocara, em cima de toda a vegetação morta. O sol não apagara sua cor brilhante, e neve, vento e chuva não tinham entortado suas oleosas formas retas. Os pássaros o tinham ignorado, ou fugido com medo, talvez, e até as sábias formigas o tinham deixado inviolado.

Por fim, o buraco foi coberto com terra e logo flores silvestres luxuriantes cresceram ali. Mas às vezes tenho a sensação de que, se voltar alguma vez àquele campo abaixo do parreiral, na Suíça, o estranho e assustador quadrado de salmão laranja-claro terá aberto caminho através da terra e das raízes, e lá estará à mostra, um escárnio imortal ao meu esnobismo gastronômico e ao momento em que me recusei a aceitar a advertência de um gato. [Por uma das poucas vezes nos últimos trinta e tantos anos estou satisfeita com algo que escrevi. Acho que este é um bom capítulo.]

Como se consolar no sofrimento

Far-lhe-ei um pudim, e um pudim que ela gos-
tará, também... Muitos foram confortados em
seu sofrimento ao ver um bom prato chegando à
mesa.

Sra. Gaskell, *Cranford*

Existem aqueles entre nós, e talvez seja um bom sinal, que sustentam que pudins são alimento adequado para bebês, decrépitos e infelizes com poucos dentes e menos senso estético. Outros, e quem dirá se estão certos ou não, concordam com a personagem singular de Cranford, para quem um pudim pode ser uma bela coisa realmente confortadora em tempos de dor.

Em tempos de guerra, porém, os pudins podem ser um inconveniente irritante. Se você está cozinhando para gente que acha que, porque comia alguma sobremesa doce quando era jovem, deve forçosamente comê-la uma vez por dia quando está na meia-idade e trabalhando como todos para salvar a democracia, você será relutantemente obrigado a fazer os preconceitos deles caberem em sua conta de alimentação. Ovos, creme e canela, para não mencionar o combustível necessário a demoradas estadias no forno, tornaram-se súbito coisas raras e preciosas, que devem ser usadas com sabedoria em uma refeição completa ou para um acepipe semanal, não como o estímulo rotineiro e untuoso de um jantar do pré-guerra.

Na Inglaterra atual, muitos dos horripilantes duendes gastronômicos do último desgosto reapareceram, e você pode comprar War-Egg-O em pó ("Donas de casa... misturem em um pouco de água e façam a festa de sua família *hoje à noite* com um tentador molho de creme!") e até uma coisa chamada Nooeg, que garante não conter nada de ovo mas agradará seus amigos com sua rica e deliciosa suavidade ("sobre frutas enlatadas").

Esses triunfos duvidosos da ciência sobre a fome humana são talvez menos medonhos para os ingleses do que para nós, pois, apesar de nosso apetite nacional por pudins de gelatina cor-de-rosa, jamais estivemos tanto sob o jugo do Molho de Creme Bird's quanto nossos aliados. [Essa situação não prevalece mais. Não só compramos quantidades incríveis de pudins empacotados americanos, como podemos, ó povo feliz, obter Bird's em nossas "melhores" mercearias!] Esperemos, sem maldade, que Nooeg fique do lado direito do Atlântico.

Para aqueles que precisam ter um "nada informe em um prato", com ou sem guerra, no final de cada refeição noturna, a resposta mais fácil e mais barata (e mais misericordiosa) é a sobremesa de gelatina em caixa. É bastante divulgada e até bem considerada em alguns círculos. Portanto, afastemos ambos, elas e seus admiradores, de nossos pensamentos.

Um dos melhores finais de um jantar é provavelmente nada. Se a comida foi simples, abundante e bem preparada; se houve tempo para comê-la com tranquilidade, com um ou dois amigos; se foi bom o vinho, a cerveja ou a água; então, na maioria das vezes, as pessoas preferirão deixar as coisas assim, com talvez uma xícara de café, em benefício do espírito.

Outra coisa boa para o espírito, depois de uma refeição à noite, é um daqueles chás de ervas que os franceses costumavam chamar *tisanes*. [Servir uma *tisane* antes de dormir pode parecer afetação, mas poucas pessoas não se sentem agradadas, embora um tanto surpresas também.] Não passam de simples água quente derramada sobre algumas folhas secas de hortelã, camomila, verbena ou flores de limão. Podem ser tomadas com ou sem açúcar, e algumas gotas de limão podem ser acrescentadas. Elas alisam milagrosamente as rugas de seu cérebro e fazem dormir, com sonhos doces, também.

Os gastrônomos mais sofisticados acreditam tanto na magia das tisanas que a receita seguinte foi dada há apenas alguns anos com seriedade total pelo visconde de Mauduit:

INFUSÃO DE RAIZ DA ORQUÍDEA LADIES' SLIPPER

Última coisa na noite, beba uma infusão de raiz da orquídea Ladies' Slipper. Então, ponha sob o travesseiro um buquê misto dessa raiz e escutelária, que você secou previamente no forno. Essa é uma cura permanente para a insônia.

Se você jantou bem, por exemplo, um presunto assado com maçãs, batata-doce e salada verde, concordará provavelmente que o melhor encerramento para essa refeição saborosa é uma tigela de nozes que foram torradas em suas cascas no forno quente enquanto você jantava. O café combina bem com elas, mas um cálice de vinho do Porto é ainda melhor... ou vinho tinto comum.

Café, aliás, é uma coisa que não pode ser feita com avareza. Se pretende economizar nele, faça-o com menos frequência, mas nunca tente usar menos café para render mais. Quase todas as boas mercearias vendem uma marca muito barata de café em grão moderadamente bem torrado que você pode pedir para moer a seu gosto em lotes de 250 g, para ser usado antes que fique velho demais. (Ou, se tem sorte, pode moê-lo como quiser em seu lindo moedor de café antigo, ou em seu lindo moedor elétrico novo.) Esse café a granel custa cerca da metade das marcas enlatadas e é bom.

Se você usa Sanka ou Kaffee Hag, pode utilizá-los com a consciência limpa e um certo prazer malicioso no número de pessoas que engana se fizer o café com uma mão generosa: 2 colheres na xícara.

E qualquer café, emasculado ou não, fica mais que perfeito se for feito com chicória. Ela pode ser comprada neste país, apesar do que dizem muitos gourmets repatriados teimosos, em convenientes tabletes pequenos. É barato e fácil de usá-la, e não somente melhora o gosto de qualquer marca de café como, com uma certa dose judiciosa de experimentação, pode fazer ½ kg durar muito mais do que os comerciantes esperam. [Há uma boa marca "italiana supertorrada" de café em lata fácil de conseguir agora. Lamento dizer que os pequenos tabletes de chicória parecem ter desaparecido e que são uma perda gastronômica, a qual, aparentemente, só eu sinto!]

O café, quando feito com inteligência, é um acompanhamento perfeito para qualquer sobremesa, seja um Soufflé au Grand Marnier ou uma tigela de maçãs Winesap castigadas pelo gelo, crocantes e suculentas. É bom também com um pedaço de bolo de frutas, e aqui está uma receita cuja preparação não tem erro e que garante obrigar o lobo a dar dois passos para trás em vez de avançar um passo.

É um remanescente da última guerra, e embora eu lembre que gostava tanto que sonhava com ele à noite [Nota sem importância: mencionei isso com algum embaraço na página 38. Agora sonho com caviar. E se viver muito tempo, sonharei com mingau e pão ensopado no leite?], como todas as crianças que o experimentavam, não consigo lembrar que tenha sido chamado de outra coisa mais apetitosa do que

BOLO DE GUERRA

- ½ xícara de gordura (pode-se usar de bacon, por causa das especiarias que escondem seu gosto)
- 1 xícara de açúcar
- 1 xícara de água
- 1 colher (chá) de canela
- 1 colher (chá) de outras especiarias... cravo, macis, gengibre etc.
- 1 xícara de passas picadas ou outras frutas secas... ameixas, figos etc.
- 2 xícaras de farinha de trigo branca ou integral
- ¼ de colher (chá) de bicarbonato de sódio
- 2 colheres (chá) de fermento em pó

Peneire a farinha, o bicarbonato e o fermento em pó. Ponha todos os outros ingredientes numa panela e leve para ferver. Cozinhe por cinco minutos. Esfrie completamente. Adicione os ingredientes peneirados e misture bem. Asse durante 45 minutos, ou até ficar no ponto, numa fôrma untada em forno cuja temperatura esteja entre 160°C e 180°C.

O Bolo de Guerra pode ser feito em forminhas pequenas e assado mais rapidamente, mas em fôrma grande fica fresco por mais tempo. É muito bom com um copo de leite, lembro. (Tenho certeza de que poderia viver feliz para sempre sem experimentá-lo de novo. Há muitas coisas assim: você lembra com espanto e uma espécie de admiração de algumas das coisas comidas com prazer sensual aos oito ou aos dezoito que seriam um auto de fé gastronômico para você aos 28 ou 50. Mas isso não significa que você estava errada muito tempo atrás. O Bolo de Guerra não me diz nada agora, mas sei que é um bolo honesto, adorado por crianças famintas. E não me sinto envergonhada de ter gostado dele... apenas um pouco perplexa e agradecida por não ter mais oito anos.)

Outro bolo bom, para comer apenas com café, ou com uma cobertura de queijo cremoso e açúcar e um pouco de rum se possível, é o

BOLO DE SOPA DE TOMATE

- 3 colheres de manteiga ou gordura
- 1 xícara de açúcar
- 1 colher (chá) de bicarbonato de sódio
- 1 colher (chá) de canela
- 1 colher (chá) de noz-moscada, gengibre e cravos misturados
- 1 lata de sopa de tomate
- 2 xícaras de farinha de trigo
- 1½ xícara de passas, nozes, figos picados, o que você quiser

Faça um creme da manteiga, adicione o açúcar e misture bem. Adicione o bicarbonato à sopa, mexendo bastante, e adicione à primeira mistura com a farinha e as especiarias peneiradas junto. Mexa bem e asse numa fôrma a 160°C.

Trata-se de um bolo agradável, que dura bastante e intriga as pessoas, que perguntam de que é feito. Pode ser assado em forno moderado enquanto você está fazendo outras coisas, o que é sempre sensato e a leva a sentir-se um tanto nobre, um prazer pequeno mas valioso.

Outra maneira excelente de utilizar algum espaço sobrando da carne assada ou outra coisa que use forno moderado é, como já afirmei, fazer Maçãs Assadas. Ficam boas frias ou quentes, recheadas com passas ou com açúcar mascavo. [Ou com frutas picadas ou restos de geleia. Cannelloni (página 138) também são excelente sobremesa feitos com geleia.] Podem compor um jantar inteiro, com muita torrada com manteiga, ou podem ser a sobremesa um tanto pesada mas saborosa de um jantar, servidas com creme azedo ou com a receita de minha avó de Leite com Canela.

MAÇÃS ASSADAS

- maçãs... quase de qualquer tipo, embora as Deliciosas sejam deliciosas
- açúcar mascavo (1 colher para cada maçã)
- canela, noz-moscada
- passas, tâmaras, restos de geleia
- manteiga (opcional)
- água

Descaroce as maçãs e ponha num prato que vá ao forno. Encha cada buraco com frutas ou geleia, e ponha um pouco de manteiga em cima se quiser. Misture o açúcar com água suficiente para quase encher a fôrma e asse devagar, até que as maçãs fiquem macias.

LEITE COM CANELA
(Para Maçãs Assadas)

- ½ litro de leite
- 1 colher (chá) de canela ou especiarias mistas
- 1 colher de manteiga (opcional)

[A idade me fez menos ascética, e a manteiga não é mais opcional! E agora uso leite gordo e adiciono 3 colheres de açúcar mascavo ou metade disso de melado. Outras pessoas também preferem assim!]

Aqueça o leite em banho-maria. Adicione as especiarias (e a manteiga). Ponha numa jarra aquecida e sirva como creme.

Uma sobremesa quente fácil e barata, se seu forno está ligado, é uma caçarola rasa untada com manteiga, com um punhado de biscoitos de gengibre [... ou bolachas de baunilha, ou pão de ló... e as frutas bem drenadas, é claro] no fundo e uma lata de pêssegos em cima. Ponha um pouco de manteiga em cada pêssego, polvilhe um pouco de noz-moscada aqui e ali, e se você se sente pródiga, derrame um pouco de xerez no prato. Asse e sirva com ou sem creme, que é melhor azedo do que doce para a maioria dessas tentações experimentadas. [Uma variação mais interessante é: metades de nectarinas enlatadas em uma fôrma rasa untada com manteiga, recheadas com restos de geleias, um pouco de manteiga e noz-moscada, se quiser. Ponho na grelha por cinco minutos e, para convidados ou por diversão, derramo um pouco de rum envelhecido em cima e deixo flambar na mesa. Sem creme, evidentemente.]

A receita de pão de especiarias de minha mãe deve ser quase idêntica ao excelente produto que vem em caixa. É mais barato fazê-lo, se você tiver tempo e o forno estiver em atividade. Espalha um cheirinho gostoso pela casa e é tão bom que geralmente desaparece enquanto ainda está quente, o que é ruim, pois fica ótimo frio.

PÃO DE ESPECIARIAS DE EDITH

[... que mencionei na página 37, creio.]

- ¼ de xícara de gordura
- ¼ de xícara de açúcar
- ½ xícara de melado
- ½ colher (chá) de bicarbonato de sódio
- 1 colher (chá) de canela
- 1 colher (chá) de gengibre
- cravos e sal
- ¾ de xícara de água fervente
- ¼ de colher (chá) de bicarbonato de sódio
- 1 ¼ xícara de farinha de trigo
- 1 colher (chá) de fermento em pó
- 1 ovo batido

Faça um creme com a gordura e o açúcar. Peneire as especiarias, a farinha e o fermento juntos. Bata a ½ colher (chá) de bicarbonato no melado, até que fique leve e fofo, e adicione à gordura e ao açúcar. Adicione o ¼ de colher (chá) de bicarbonato à água fervente e depois adicione isso alternadamente com os ingredientes peneirados. Acrescente o ovo batido quando tudo estiver bem misturado, derrame numa fôrma untada e polvilhada com farinha, e asse por cerca de vinte minutos, a 160°C. Essa mistura parecerá muito fina para fazer um bolo, mas não aumente a quantidade de farinha, como muitos cozinheiros tentaram fazer.

Qualquer dos dois molhos seguintes fica bom com o pão, embora eu ache que manteiga sem sal, de preferência moldada em pequenas fôrmas com uma vaca desenhada de um lado e uma margarida do outro, seja o parceiro mais apropriado.

UM MOLHO DE VINHO

[Outro molho excelente é feito com partes iguais de açúcar mascavo, manteiga e xerez, batidos juntos enquanto derrete lentamente, e mantido quente, mas sem ferver.]

- ¼ de xícara de manteiga
- ¼ de xícara de açúcar refinado
- ½ xícara de água quente
- 1 xícara de xerez
- noz-moscada

Dissolva a manteiga, adicione o açúcar aos poucos e faça um creme. Adicione a noz-moscada. Mexa na água quente e adicione o xerez.

UM MOLHO FORTE

- ¼ de xícara de manteiga (ou margarina, odeio admitir)
- ½ xícara de açúcar refinado
- 2 colheres de sumo de limão
- sal
- (rum, se gostar)

Bata até ficar bem fofo. (Adicione ¼ de xícara de nozes picadas se quiser.) [Ou coco ralado, ou frutas cristalizadas picadas. Prefiro sem acréscimos.] Gele numa tigela e sirva com pão de especiarias quente ou qualquer outro bolo.

É difícil saber se um pão de especiarias deveria ser chamado de pudim quando é comido quente com molho. (Lembro de quadrados pálidos de bolo morno sem gosto, cobertos molemente com uma película de molho tingido de limão, que eram chamados de Pudim de Creme no internato.) A receita seguinte, embora pareça de bolo, faz uma deliciosa sobremesa quente, que é definitivamente um pudim. Chama-se Delícia de Tâmaras, e não fui eu quem a batizou.

DELÍCIA DE TÂMARAS

- ¼ de xícara de manteiga ou gordura
- ⅔ de xícara de açúcar
- 2 ovos
- 3 xícaras de migalhas de pão
- 2 xícaras de tâmaras picadas
- 1 colher (chá) de gengibre
- ⅔ de xícara de leite
- ¼ de xícara de farinha de trigo
- ½ colher (chá) de sal
- 2 colheres (chá) de fermento em pó
- ⅛ de colher (chá) de bicarbonato de sódio
- ½ colher (chá) de canela

Faça um creme com a gordura, os ovos e o açúcar até ficar fofo. Adicione um terço das migalhas de pão, as tâmaras, depois o resto das migalhas de pão e o leite, alternadamente. Adicione os ingredientes secos peneirados. Bata com energia por um minuto e asse em fôrma untada durante uma hora a 160°C. Sirva quente com molho forte perfumado com rum.

Esse é, como se pode ver, um prato pesado e mais caro do que muitos. Deve ser o ponto principal de uma refeição, talvez com sopa e uma salada verde leve antes. É coisa para o inverno e, em geral, os homens gostam mais dele do que as mulheres.

Outra sobremesa vigorosa, que pode ser feita com batata-doce que sobrou do jantar de anteontem, é

PUDIM DE BATATA-DOCE

- 6 batatas-doces
- 6 colheres de manteiga (ou margarina)
- 6 colheres de açúcar mascavo
- a casca ralada e o sumo de 1 limão ou 1 laranja
- 2 bananas (opcional)
- canela

Descasque as batatas cozidas ou assadas e amasse até ficar uniforme. Adicione a manteiga derretida e o açúcar mascavo, a casca e o sumo do limão, e bata bem. Ponha numa caçarola untada (forrada, se quiser, com fatias de bananas) [... ou qualquer outra fruta: abacaxi, pêssegos, maçãs]. Ponha um pouco mais de açúcar mascavo e um pouco de manteiga e canela, se possível, em cima, e asse durante meia hora à temperatura entre 160°C e 175°C.

O arroz que sobra é outra coisa que pode ser usada de quase tantas maneiras quanto o número de pessoas que há para comê-lo. Algumas delas acham uma vergonha clamorosa fazer mais do que pôr um pouco de açúcar mascavo e leite integral em cima do arroz e deixá-lo falar por si mesmo. Outras, mais complicadas em suas ações, gostam de receitas como a que segue, que obtive de uma suíça:

ARROZ E ESPECIARIAS

- 2 ovos
- 2 xícaras de leite
- ¾ de xícara de passas
- 1 ¼ xícara de arroz cozido
- ½ xícara de açúcar mascavo
- ½ colher (chá) de canela
- ¼ de colher (chá) de noz-moscada, de gengibre e de sal
- 1 colher de açúcar refinado

Separe as claras e as gemas dos ovos. Adicione às gemas 2 colheres do leite e ponha o resto dele em banho-maria. Lave as passas, ponha-as no leite e cozinhe por cerca de quinze minutos, ou até ficarem macias. Adicione o arroz, cozinhe mais cinco minutos e então acrescente, mexendo, as gemas, o açúcar, o sal e as especiarias. Cozinhe por dois a três minutos, mexendo bem. Derrame no prato de servir. Bata as claras, adicione o açúcar refinado, espalhe sobre o pudim e doure delicadamente no forno. Sirva muito frio.

Essa receita é refinada e surpreenderá as pessoas que lembram do pudim de arroz de sua infância com certa má vontade. Há muitas outras como essa, talvez um pouco melindrosas para se fazer mas baratas e agradáveis, se você gosta disso. [Lembro ainda de um pudim basicamente semelhante, mas quase tão crocante quanto um bolo, feito por uma amiga turca quando eu mal tinha saído da infância. Era feito de *vermicelli* cozidos lentamente assados numa fôrma untada rasa, com muito óleo e mais mel regado até não conseguir absorver mais. Talvez levasse especiarias. Fazia meus dentes doerem.]

[Um prato muito mais refinado do que Arroz e Especiarias é Riz à l'Impératrice... ou assim leio e me garantiram muitas vezes amigos e parentes que cresceram, forçosamente e/ou a contragosto, em hotéis de luxo de Budapeste a Colorado Springs. É uma sobremesa do *fin de siècle*, uma frivolidade dispendiosa para ser servida antes do pêssego de estufa, o Bock y Panatela... e gente de minha idade que corria pelos corredores dos Ritzes e Trois Couronnes três ou quatro décadas atrás pode comê-la com uma nostalgia pungente desconhecida para mim, criança da Califórnia, *Ausländer* tosca. Parece um bálsamo, um tônico, para seus paladares cansados. E apesar de sua branda complicação, é um prato muito gentil... um pouco como uma atriz famosa que ainda é ingênua...

(Dou esta receita de forma esquemática, uma esnobada fugaz diante do lobo que ainda fareja faminto. É óbvio que um bom pudim de arroz cremoso, enfeitado com geleia de abricó, geleia de groselha e bem gelado poderia cumprir com nobreza o objetivo do classicismo elaborado que agora esboço:)

RIZ À L'IMPÉRATRICE

Lave, afervente e depois coe ½ kg do melhor arroz. Asse lentamente com 1 vagem de baunilha, 1 litro de leite integral fervido, 2 xícaras de açúcar refinado e 100 g de manteiga fresca. Mantenha tampado e não mexa. Quando ainda está quente, adicione delicadamente as gemas batidas de 16 ovos (ah, aquele lobo feliz...!). Depois de frio, adicione 1 xícara de frutas cristalizadas picadas e 1 xícara de geleia de abricó, ½ kg de creme inglês e ½ kg de creme batido bastante perfumado com kirsch alsaciano. Ponha uma camada grossa de geleia de groselha no fundo de uma fôrma de bavarois, derrame o creme acima sobre a geleia e deixe gelar bem. Para servir, vire, a fim de que a geleia escorra pelas bordas firmes. (Esse último detalhe é que deflagra os fogos de artifício cautelosos da reminiscência em meus contemporâneos de estômagos fatigados que se sustentaram com tais acepipes fátuos em vez do "arroz simples fervido com creme e açúcar" de minha avó.)]

"A prova do pudim está no comer", está dito no *Don Quixote*. De minha parte, acredito nisso, e comeria tanto um anel oco de cereal cozido frio, Roman Meal, ou Wheatena de bendita memória, com os ocos cheios de xarope de bordo e um pote gordo de creme esperando, como Cherries Jubilee. Mas então, apesar de Cervantes e de uma hoste de autoridades impressionantes, eu preferiria comer algumas uvas maduras ou um queijo devidamente escolhido do que qualquer de suas artificiosas gororobas. Ou nada... com ou sem lobo.

Como ser um homem sábio

O homem sábio come bem.

Provérbio chinês

De vez em quando, uma pessoa sensível, inteligente e séria sente-se muito pesarosa por este país e, decidindo com Brillat-Savarin que "o destino das nações depende do que e de como elas comem", começa a questionar.

Por que, pergunta ele, somos uma nação tão não gastronômica?

Por que permitimos e até justificamos o débil pão empacotado com que nossos homens tentam manter-se fortes? [E as mulheres... e, o pior de tudo, *as crianças!*]

Por que deixamos que nossos moinhos roubem tudo de bom do trigo e depois compramos o germe de trigo por mil vezes o seu valor em drogarias, para que nossos filhos fiquem fortes e saudáveis?

Por que continuamos a comer bolos e pudins depois de boas refeições, porque sempre fizemos isso, desde crianças?

Por que falamos com saudade do ensopado de carne honesto que tia Matilda costumava fazer ao mesmo tempo que gastamos um ou dois dólares comendo frango cozido no vapor de terceira categoria, empanado e frito numa vergonhosa panela de gordura sintética em alguma espelunca de beira de estrada?

É porque somos sentimentais, provavelmente, e fiéis ao que queremos que permaneça como doces memórias de nossos anos de juventude. É porque somos orgulhosos, fúteis e relutantes em admitir nossas fraquezas. E sobretudo porque nós, e quase todas as crianças americanas anglo-saxãs de segunda geração, fomos ensinados quando éramos jovens a não mencionar comida ou deliciar-se com ela publicamente.

Se gostávamos de um merengue, ou de um pequeno caracol de massa numa torta de rim, ou de uma castanha torrada posta como só uma criança poderia gostar bem no meio de um pudim de chocolate, não tínhamos permissão para gritar de prazer, mas, ao contrário, fomos pressionados, desaprovados, soterrados por um pesado raciocínio adulto de que essa demonstração era desnecessária, vulgar e quase "estrangeira".

Certa vez, quando o jovem Walter Scott, que mais tarde escreveu tantos livros emocionantes, estava excepcionalmente faminto e disse com alegria: "Ah, que bela sopa! Não é uma *bela* sopa, papai querido?", seu pai no mesmo instante derramou ½ litro de água fria no que já era um caldo ralo. O sr. Scott fez isso, explicou ele, para afogar o demônio.

Para muitos pequenos americanos comuns, o demônio foi afogado, de tal maneira que a partir de então comem o que põem diante deles, sem reflexão, sem comentário e, o pior de tudo, sem interesse. O resultado é que nossa cozinha é amiúde dispendiosamente repetitiva: comemos o quê, como e quando nossos pais comiam, sem pensar em fomes naturais.

Não é suficiente deixar uma criança com fome; se ela for moderadamente saudável, terá todos os requisitos de um porco, um cachorrinho ou um pulgão e comerá quando permitirem, sem refletir. O importante, para que ela não se torne um porco ou um cachorro, nem mesmo um delicado inseto verde, é deixá-la comer desde o início com reflexão.

Deixem que escolha suas comidas, não pelo que ela gosta em si, mas por aquilo que combina com algo mais, em gosto, textura e em entusiasmo gastronômico em geral. Não é a sensualidade perversa, como pensaria o pai de Walter Scott, que faz um menino preferir torrada com manteiga e com espinafre no jantar e um pãozinho de canela com leite no almoço. É o começo de um sistema sensível e sério de escolha deliberada que, à medida que ele cresce, crescerá também, de tal modo que ele será cada vez mais capaz de escolher para si mesmo e examinar valores, não apenas sensuais mas espirituais.

Ele lembrará, em algum momento de sua vida adulta, que certa vez decidiu não comer uma barra de chocolate, mas deixar o gosto de uma maçã roubada ficar uma ou duas horas a mais em sua língua apreciativa. E qualquer decisão que tenha de tomar enquanto homem será provavelmente mais sólida graças àquela maçã que comeu há tanto tempo.

A faculdade de escolher qual alimento você deve comer, conscientemente, o tornará capaz de escolher outras coisas menos transitórias com coragem e finura. A criança deve ser estimulada, não desencorajada como tantas o são, a olhar para o que come e pensar no alimento: a justaposição de cor, sabor e textura... e, indiretamente, nos motivos por que está comendo e nos efeitos que isso terá sobre ele, se for um filhote introspectivo. (Se não for esse o caso, o fato de que aquilo que ele come não só é bom como bonito não lhe causará dano algum.)

Se, com o lobo à porta, não há muito o que comer, a criança deverá saber disso, mas não de forma opressiva. Ao contrário, deve ser estimulada a saborear cada mordida com um olho em seu alimento agradável e outro em seu significado estético fugidio porém valioso, de tal maneira que vinte anos depois, talvez, ela possa pensar com confortável prazer sobre o pequeno pedaço de pão torrado que comeu com você certo dia de 1942, logo antes de o apartamento ser fechado e vocês partirem para acampar.

Era uma bela torrada, com manteiga. Você sentou ao sol, sob a janela da copa, e o menino lhe deu uma mordida da torrada, e para ambos o perfume das capuchinhas esquentando no ar de abril ficaria para sempre misturado ao sabor entre os dentes de manteiga derretida e pão torrado, e o conhecimento de que, embora pudesse não haver mais nada, vocês tinham compartilhado aquele pedaço com plena consciência de ambos os lados, em vez de um tímido e atrapalhado fingimento de não estar com fome.

[Acho, mais ainda do que em 1942, que uma das coisas mais importantes sobre o presente gastronômico de uma criança em relação ao seu futuro, gastronômico e outros, é um bom *respeito* pela comida. Horroriza-me ver mães contemporâneas cozinhando de forma entorpecida e depois jogando fora costeletas de cordeiro, vagens, torradas não comidas; pudins desmontados mas não saboreados; leite deliberadamente derramado ou borrifado. Penso que as crianças deveriam ganhar porções pequenas de comida, de acordo com sua natureza, e ter permissão para tratar delas no seu próprio ritmo, mas *acabá-las*, antes de que mais seja empurrado, no padrão pediátrico em moda atualmente... Elas aprendem suas capacidades. Elas aprendem boas maneiras. Sobretudo, podem aprender a respeitar a comida pela qual tantas outras crianças choram.]

Todos os homens sentem fome. Sempre sentiram. Precisam comer, e quando se negam os prazeres de satisfazer essa necessidade, estão cortando fora parte de sua possível plenitude, sua realização natural na vida, sejam pobres ou ricos.

É um desperdício pecaminoso do pensamento, da energia e do profundo prazer humano ensinar às crianças a fingir que não devem se preocupar com o que comem, nem mencioná-lo. Como é triste para elas quando se tornam homens! Então podem ter de lutar, ou amar, ou fazer outras crianças, e não saberão como fazê-lo plenamente, com satisfação, completamente, porque quando eram bebês queriam dizer: "Ah, que bela sopa!" e, em vez disso, só ousaram murmurar: "Mais, por favor, papai!".

Como seduzir o lobo

> *Ela arrancou de sua testa um diamante e olhou-o*
> *com desprezo, tirou de seu bolso uma linguiça e*
> *contemplou-a com respeito e afeição.*
>
> Charles Reade, *Peg Woffington*

Façamos o elogio, por bem ou por mal, do lobo em forma humana ou, de outro modo, quem pode, com a cara franca e sem franzir o focinho, cortejar uma cozinheira desgrenhada? Seu focinho, franzido ou liso, não deve ter nem um pouco de juízo para ignorar os cachos dela, saturados de perfumes da frigideira. Sua assim chamada cara, franca ou torta como a de um lobo, não deve ter olhos ou ser caridosa demais, para evitar pelo menos uma olhada cruel para o seu nariz brilhoso e seus lábios mordidos e para os restos gretados da manicure da semana passada.

Em outras palavras, qualquer lobo normal seria tolo se avaliasse uma cozinheira desgrenhada por sua aparência, uma vez que o próprio fato de estar desgrenhada deveria provar para ele a natureza devassa dela.

Se você quer atrair um lobo, não importa qual a forma dele, há certos truques conhecidos até agora por umas poucas escolhidas que podem finalmente ser passados para a classe geral das cozinheiras* (cujo plural em inglês era grafado *kitchen midden*** por um professor, sob outros aspectos, muito erudito. Talvez tenha sido o mesmo, embora pareça um tanto improvável, que escreveu um ensaio em seus dias de juventude sobre as delícias de catar *dewberries* nas florestas do Maine durante o verão. Foi só depois que seu superior responsável pela classe foi retirado de aula em estado de quase histeria que esse futuro semanticista soube que *dewberries*, além do que os coelhos mordiscam, é aquilo que eles fazem).

Um modo de você parecer mais bonita na cozinha e levar o lobo a pensar que, mesmo que o hálito quente dele atravesse o buraco da fechadura e agite seus cachos, você está quase adamantina, é pendurar um pequeno espelho.

De minha parte, tenho uma bela moldura de mogno que outrora abrigava uma silhueta empertigada, com uma faixa dourada manchada e desbotada dentro. O espelho é ondulado e barato, e a coisa toda está pendurada numa parede que sacode, e ele mostra tudo torto cada vez que alguém bate uma porta dentro da casa, e eu tenho de me inclinar por cima de um monte de legumes e apertar os olhos para ver alguma coisa, mas dou uma olhada, um beliscão ou uma palmadinha tranquilizadora em mim mesma quando passo por aquele espelho pelo menos cinco vezes por dia, e me sinto melhor por causa disso.

Às vezes olho para ele confiante, afogueada de mexer um molho mas sentindo-me bastante atraente, quando alguém toca a campainha, e eu paro e digo: "Ei!". Não há muito o que fazer

---

* *Kitchen maids.* (N. T.)

** *Midden*: sambaqui. (N. T.)

então. Cheguei ao fundo. Mas, em geral, olho no espelho quando a campainha toca e posso ver que as coisas estão bem-aventuradamente sob controle, ou que uma certa quantidade de retoques, cutucadas e arrumações vai ajudar.

E mesmo que ninguém note, o fato de que vi minha própria desordem e a reconheci faz uma grande diferença psicológica. Sempre achei que se o príncipe de Gales ou Charles Boyer chegassem à porta eu preferiria estar sabendo sobre a mancha na ponta do meu nariz. [Hoje, já não tenho tanta certeza.]

Às vezes, especialmente em apartamentos pequenos, os convidados para o jantar chegam por uma porta antes que você possa escapar pela outra para tirar o lustro do nariz e voltar antes que as ervilhas fiquem pretas. Assim, vale a pena ter uma pequena prateleira sob o espelho. Nela você pode deixar um estojo de maquiagem e talvez um batom. Nenhum dos dois deve ter um perfume forte, pois qualquer odor fabricado misturado com os cheiros estonteantes e, se possível, aprazíveis da refeição em andamento seria mais do que desagradável.

Algumas mulheres mantêm um frasco de creme para mãos no guarda-louça. (Ideia horrível para blecautes, quando elas podem catar às apalpadelas o azeite ou o vinagre!) Se você usa um creme desses em outras ocasiões, então está tudo bem. Mas tenha o cuidado de jamais passá-lo religiosa e honradamente em suas mãos, como diz a propaganda, e depois separar as folhas da salada, descascar tomates ou coisas assim: o resultado será nauseabundo.

Em vez disso, pode fazer de forma bastante econômica o que fiz durante muitos anos e usar qualquer óleo de cheiro adocicado ou gordura que esteja dando sopa. Ao abrir um pacote de manteiga, esfregue o papel em suas mãos antes de jogá-lo fora. Se está fazendo molho para salada, capte a última gota de óleo com seus dedos. Se está misturando carne com suco de tomate, ovos e farinha de rosca para fazer algum tipo de torta, esfregue a película de gordura em suas mãos em vez de lavá-las imediatamente; tudo isso logo desaparecerá e você ficará com dedos macios e unhas mais firmes e bonitas.

Luvas de borracha são supostamente uma boa ideia, e, com efeito, raras e estranhas maravilhas são realizadas apesar delas nas cirurgias, em que a carne viva em vez de morta é cortada para fazer mais vida. Nas cozinhas, penso que talvez seja melhor ficar desprotegida: poucos chefs têm mãos tão valiosas quanto um bom médico, ou tão treinadas, e as tarefas comuns não precisam ser tão difíceis a ponto de danificar dedos hipersensíveis. [Sei mais agora. Até conheço um chef que é diabético e precisa usar luvas em suas mãos muito secas por causa da insulina que toma, e o modo como sua pele desapareceria se não as usasse... ou pelo menos é essa a explicação que ele dá.]

É verdade que cebolas e alho deixam com frequência um persistente cheiro deplorável, ainda não associado na cabeça do macho comum com glamour. A resposta para isso é cortar qualquer bulbo (cebola, alho, chalota, cebolinha, alho-poró) embaixo de água corrente. Depois, assim que a tarefa estiver pronta, lave bem a faca e suas mãos em água fria e ainda corrente e, *depois*, se você é uma chata obsessiva, esfregue limão nelas. E se por acaso sua pele é do tipo que mantém tais odores indignos, pare simplesmente de cortar cebolas e tudo o que faça parte dessa família.

Lavar pratos, de acordo com a propaganda de uma grande porcentagem das novelas de rádio, arruinou a chance de ser feliz de muitas mulheres sob outros aspectos adoráveis. Suas mãos, ásperas, rachadas, de todo repelentes, afugentaram o sr. Certo. Então, se foi esperta, ou talvez tivesse um vizinho que a avisou a tempo, ela se concedeu um teste de dez dias e lavou em sabão comum com a mão esquerda e no superoxigenado Drift-O com a mão direita, num miraculoso teste de prestidigitação.

Em sete ou oito dias, ela viu a diferença: sua rude e avermelhada mão esquerda a envergonhou. Em mais uma semana, ou até menos, aquela mão, toda branca e sedosa, brilha com um grande e glorioso solitário, e arde com o êxtase escondido do primeiro e talvez último beijo do sr. Certo. Tudo está bem, e a partir de então ela lava pratos apenas com montes do espumoso e borbulhante Drift-O.

Ou, com ou sem sr. Certo, ela nunca usa sabão algum. É surpreendente como os pratos podem ficar limpos, quão fácil a tarefa pode ser e quão pequena a conta do sabão pode ficar com uma pequena corrente de água moderadamente quente e uma esponja rija. Com uma certa prática, suas mãos, mesmo a que segura o prato ou a xícara, não precisam jamais estar na água... e se você raspa os pratos antes, o que evidentemente você faz, a pia permanece limpa, o cano de esgoto fica como novo e sua esponja dura um longo tempo entediante.

Segure o prato sob a água corrente, vire-o com uma das mãos e escove-o com a outra, e ponha-o num escorredor. Depois de reunir vários, seque-os, antes de ficarem frios.

Esse método parece um tanto fantasista, assim impresso na página, mas funciona bem, para desgosto de melhores e mais velhos lavadores de pratos do que eu poderia ser.

É isso mesmo que eu quero dizer? Eles podem ser *mais velhos*... mas quero ser mico de circo se alguma vez guardei um prato com a base pegajosa. Evidentemente, não há provas de minha afirmação, exceto minha consciência, e ela, no que se refere a pratos limpos pelo menos, está límpida como um céu de outono. Tenho posto à prova a alma de muita dona de casa experiente porque me recusei a encher uma panela grande de espuma de sabão e imergir copos e pratos nela... e com presunção total ainda acho que não uso mais água, e certamente uso muito menos sabão, e que não perturbo de forma alguma a pele de minha mãos com meu desleixado e fácil método de raspar os pratos e depois esfregá-los em um pouco de água quente corrente. [Continuo a receber cartas de protesto enojado sobre esse método. Continuo não só acreditando nele, como praticando-o, e começo a suspeitar que tenho provavelmente pratos mais limpos do que qualquer outra "governanta geral" que tenha conhecido. Esse leve convencimento merece, e generosamente *ganha*, uma reprimenda.]

Naturalmente, esse método pressupõe um suprimento, nem que seja limitado, de água. Em casos de falta ou rompimento das linhas de abastecimento, ou outro inconveniente de guerra, outros meios serão descobertos por qualquer mulher engenhosa. O mais fácil, quase com certeza, e que seria imposto de qualquer modo, seria parar de comer completamente.

No caso de você ser afortunada o bastante para ter uma cozinha com fogão e algo para cozinhar enquanto lê isto, talvez tenha também um prato que pede, digamos, uma cebola dourada em 2 colheres de gordura. Você talvez tenha também cabelos negros ou dourados pendendo em lindos cachos em torno do rosto, ou mesmo enrolados de acordo com a moda numa protuberância inconveniente no topo da cabeça [... ou, hoje em dia, cortados tão curtos quanto os de Peter Pan].

Em qualquer caso, você deve amarrar um lenço lavável ao redor dos cabelos que tiver quando fritar cebolas e bifes, ou quando preparar o grelhado misto de seu regalo mensal. Você ficará muito mais encantadora depois, mesmo até o dia seguinte, pois as exalações de belos pratos têm uma tendência marcante de subsistir na cobertura da mente tanto quanto na própria.

De fato, pode-se dizer que as exalações permanecem, ponto. Elas se ocultam nos armários. Penetram sutilmente por portas fechadas, por mais esperta que seja a corrente de ar que você cria na cozinha, sob o risco de pneumonia dupla. Elas se penduram nas cortinas e caem sobre você duas noites depois como farrapos demasiado maduros de fantasmas mortos.

Não há muito o que fazer quanto a isso; ou você gosta de cebola frita ou salada de repolho quente o bastante para suportar o cheiro, ou então coma alface e ervilhas.

Ou tente uma solução conciliatória, cobrindo um cheiro com outro. [Jeanne Bonamour acreditava firmemente que um par de dentes de alho fervidos com repolho ou couve-flor reteria os odores desagradáveis. O que ela conseguia era dobrá-los! Mas sua couve-flor foi a melhor que já comi.]

Você pode fazê-lo, de acordo com a escola do realismo puro, atravessando a casa correndo com um pedaço de jornal em chamas. Com muito mais eficácia [... e ordem...], pode pôr uma ou duas gotas de óleo de eucalipto ou pinho numa pá e sacudi-la pela casa. Se quiser se sentir como uma personagem de um dos momentos românticos dos irmãos James, pode deixar cair algumas gotas de óleo de lavanda em um recipiente de prata cheio de água quente.

E se você é uma pessoa que não conheço e que, além disso, não faz questão de me encontrar, então pode queimar um pequeno cone de incenso. [Vários tipos de velas líquidas como Air-Wick entraram em nossas vidas desde que isto foi escrito. Elas evaporam como as velas queimam e têm por base, ou assim suponho, extrato de clorofila viva. Gosto delas, como recurso último mas confiável. Melhor recurso são pés fortes de filodendro, de preferência crescidos em torno de placas porosas de casca de árvore. Diante do possível horror de babás tacanhas, afirmo que são maravilhosas no quarto das crianças, para lavar e adoçar o ar às vezes saturado.]

Ou você pode assar a carne, fritar as cebolas, cozinhar o alho em vinho tinto... e me convidar para jantar. Eu realmente não me importo, mesmo que seu nariz esteja um pouco brilhoso, desde que você seja senhora de si e tenha certeza de que, com ou sem lobo, sua mente é sua e seu coração é de outro, e portanto estão no lugar certo.

Como beber à saúde do lobo

Eles comem, bebem, e em doce comunhão
*Tragam imortalidade e satisfação.**

John Milton

Uma maneira infalível de saber que um país está em guerra é ler sobre a atividade crescente dos proibicionistas militantes. Outra boa maneira é ler estatísticas sobre o aumento da frequência aos bares ou, como algumas pessoas dizem, do consumo alcoólico. O que vem primeiro, a galinha ou o ovo... o puritano ou o biriteiro?

Qualquer que seja a resposta, não há dúvida de que a febre da guerra engendra tanto seca quanto sede, e que durante séculos incontáveis alguns homens fecharam a cara e resmungaram e outros beberam fundo enquanto Marte os espremia.

Menos de um mês depois de nosso país ter entrado nesta última guerra, os proibicionistas de Washington já estavam pre-

* "They eat, they drink, and in communion sweet/ Quaff immortality and joy."

gando e provando que Pearl Harbor, para não mencionar a queda da França, estava diretamente ligado à garrafa. Ao mesmo tempo, outros homens em Washington (para não mencionar Pearl Harbor e talvez até os porões seguros da França derrotada) estavam molhando suas gargantas e bebendo ao que esperavam ser a sua própria saúde e a da nação.

Se você por acaso não sofre de escrúpulos da infância e sábias ponderações da maturidade, terá ido a muitos coquetéis em seu tempo e terá decidido, junto com quase todas as outras coisas humanas vivas, que eles são anátema. São caros. São chatos. São bons durante algum tempo, como um martíni seco, e com esse drinque exigente, podem elevá-lo às alturas e depois jogá-lo de forma horrenda num atoleiro de tédio, morbidez e indigestão.

Quando você atinge esse ponto de percepção e admite de uma vez por todas que essa malta nunca mais a verá, só falta dar um passo. Então você decidirá que a partir de agora beberá se quiser, e com quem, quando, como... e o que quiser.

Tendo em vista a quantidade de modos atuais de ser pobre (e, receba ou não um salário imediatamente impressionante, você se sentirá pobre durante vários dias ou horas antes que cada cheque seja descontado, em tempo de guerra), há um modo certo de se sentir mais pobre: é adquirir o hábito especioso de parar no botequim local, o grego da esquina, o Bar Seu Cantinho Aconchegante. Mesmo que os coquetéis mantenham seus preços do pré--guerra, a bebida está fadada a oscilar em qualidade, e é facílimo acumular contas espantosas em uma ou duas passadinhas antes do jantar, além de ressacas mais horríveis.

A primeira coisa a fazer, está claro, é parar de frequentar o botequim. A próxima é encontrar um substituto respeitável, uma vez que um homem jovem não pode largar com muita facilidade o refrigério oferecido pelos confins obscuros do boteco da vizinhança.

Um dos melhores antídotos, se algo tão agradável pode ser chamado de forma tão condenatória, é decidir qual a pessoa com quem você mais gosta de beber e ver se consegue fazer arranjos para tomar um trago antes do jantar com ela ou ele... sozinhos. *Sozinhos não* conota necessariamente *de modo impudico, lascivo* ou mesmo amoroso, pois se você gosta de uma pessoa o bastante para beber apenas com ela, ela será do tipo que terá trabalhado o dia inteiro e ficará tão contente quanto você de sentar-se e sorver um pouco de relaxamento rápido de um copo e depois comer, absorvendo imortalidade e satisfação. Ele será, se possível, seu marido ou seu verdadeiro amor, e você encontrará nessa súbita calma e quietude algo que pareceu às vezes muito distante de vocês ultimamente. [Considero-me mais afortunada que a maioria das mulheres porque conheço muitas companheiras de bebida de meu próprio sexo. Elas têm, em sua maioria, mais de sessenta anos, um fato significativo no estudo do Álcool na Sociedade Moderna, imagino... A melhor delas, 82 completados no último Natal, ensinou-me muito sobre autocontrole e prazer sensual com sua fruição de uma taça semanal de champanhe seco.]

Se você (e ocasionalmente Z e A, mas nunca todo mundo no meio) está acostumado a bebidas pesadas, é melhor manter-se fiel a elas, durante algum tempo pelo menos. Em comparação com os preços dos bares, custa muito pouco comprar em galão um gim ordinário porém honrado. [Há poucos desses galões hoje, mas, apesar das leis locais, a maioria das boas lojas de bebidas ainda dá descontos nas compras em caixas.] Vermutes secos da Califórnia, de Nova York ou da América do Sul são igualmente honrados e de maneira nenhuma ordinários. Esses dois, misturados com um pouco de gelo, com sabedoria, fazem um martíni bastante passável segundo qualquer padrão e são duplamente agradáveis bebidos, para variar, no santuário arejado de sua sala ou na casa de um bom amigo.

Os bebedores de uísque, cujo nome (para cunhar uma frase novamente) é legião, beberão scotch, ou bourbon, ou rye, ou blended. Eles raramente admitem ser capazes de engolir mais do que uma das variedades. Se você pertence a esse grupo geral, renuncie solenemente ou escolha uma entre as marcas que possa comprar, e depois economize dinheiro bastante para comprar uma caixa da bebida. (Tudo isso desde que você seja um moderado bebedor-por-prazer e não uma sedenta alma infeliz, que precise esvaziar todas as garrafas a contragosto para afogar alguma minhoca no cérebro.)

Bebidas compradas em caixa são geralmente 10% mais baratas do que por garrafa e, em geral, desaparecem 10% mais rápido; portanto, calibre sua bolsa e suas propensões. Se consegue aceitar uma caixa solta na despensa com equanimidade, use-a com moderação, mas bem, consigo e com seus amigos favoritos.

Beba um bom drinque antes do jantar, em comparativa paz. Tente beber cerca de uma parte de uísque para duas de água pura, sem gelo. Velhos bebedores juram que essa é a única maneira de tratar uma boa bebida e, depois do primeiro choque, quando seu paladar esperava um gole aguado e gelado, você provavelmente concordará. É um drinque melhor e fará uma diferença surpreendente não apenas em sua digestão mas também em seu orçamento. Ambos ficarão mais fortes com a falta de gelo e bolhas sintéticas.

Se você está ainda mais assombrado pelo lobo à porta e ainda gosta da sua bebidinha, reduza-se com alguma brutalidade à singeleza do xerez [... ou de um bom vermute]. De início, parecerá pálido, inócuo, bebida de criança. Depois de uma semana, você ficará esperando por ele, e se for sensato e afortunado o suficiente para ter topado com uma garrafa da Califórnia decente embora denegrida, terá totalizado seu orçamento com algum alívio.

Xerez em garrafa, naturalmente, custa mais do que xerez em galão. Xerez em galão, nos estados do Leste, pelo menos, é com frequência vergonhoso. Tente encontrar um bom comerciante... os italianos têm em geral bom faro para vinhos fortificados... e se você pode confiar absolutamente nele, esteja certo de que ele não lhe dará um garrafão do qual metade sejam produtos químicos. Decante-o então você mesmo; compre um funil de dez centavos e use as garrafas de vermute lavadas de seus martínis ocasionais. Um galão durará muito tempo e deve custar perto de um dólar, apesar do que irão dizer os autodenominados connoisseurs. [Não posso acreditar que isso era verdade, mesmo uma eternidade de nove anos atrás! Com certeza, eu queria dizer "litro" e não "galão"... e ainda digo.]

Um drinque agradável com uma elevação de ânimo surpreendente é o seguinte:

COQUETEL MEIO A MEIO

- ½ xícara de vermute seco
- ½ xícara de xerez seco
- ½ limão
- gelo
- pitada de angustura, se desejado

Ponha o vermute e o xerez num batedor sobre gelo picado. Adicione sumo de limão à angustura. Agite bem, sirva em copos e encime com o resto da casca do limão.

Bolachinhas salgadas ou uma tigela de amendoins recém--torrados são bons acompanhantes de xerez ou Meio a Meio. Esses drinques podem ser servidos nos velhos copos de martíni, e posteriormente você pode pôr uma jarra de porcelana ou uma garrafa de servir vinho sobre a mesa.

Se seu vendedor de xerez é honesto em relação a essa bebida, será provavelmente honesto em relação a outros vinhos, e você deveria ser capaz de encher, com impunidade e por pouco mais de um dólar, um garrafão com um bom vinho tinto ou branco, não notável mas sem ser infame. [Isso é possível somente se você conhece o bodegueiro e pode ir à adega dele, garrafão em punho. Mas atualmente há vários vinhos de mesa respeitáveis, por cerca de três dólares o galão. Eles tornam ainda melhor uma garrafa ocasional de vinho cerimonioso.] Deve ser um vinho do tipo que faz a boa comida ficar com um sabor melhor, deixa um buquê sutil e límpido na língua, e leva a manhã seguinte a parecer feliz em vez de uma catástrofe.

É surpreendente a quantidade de beberrões confirmados que brotam, desenrolam-se e emergem de suas conchas profissionais diante de um acompanhamento líquido como esse para um bom jantar. Alguns insistem mais tarde que é o choque ao seu sistema... a mudança súbita de grão para uva... que provocou a mudança. A maioria deles, qualquer anfitrião sutil pode perceber, está secreta ou inconscientemente aliviada de não ter de enxugar sua cota usual de *highballs* e coquetéis pré-refeição.

Um aperitivo agradável, bem como uma boa sequência para um uísque curto e rápido, bem como também para acompanhar o jantar, é cerveja... se você gosta dela. Nas grandes cidades, a cerveja pode ser buscada em balde no bar da esquina, mesmo na Park Avenue, mas provavelmente, mesmo nas Park Avenues de Nova York e outros lugares, ela é melhor engarrafada.

Deve ser comprada em caixa, porque fica mais barata e mais fácil de ser entregue. Você deve guardar as tampas. (Não consigo saber por quê, mas tenho certeza de que fazem algo com elas. O entregador da cerveja saberá.) E, é claro, guarde as garrafas, em vez de fazer várias outras coisas óbvias com elas.

A guerra atual irá provavelmente causar problemas fantásticos como o do transporte de cerveja de Milwaukee para Sunset Beach, Califórnia, e em geral isso pode ser uma boa coisa.

Há mil pequenas cervejarias honestas neste país, que, porque são pobres e mal localizadas para concorrer com as grandes, foram forçadas a fechar, ou funcionar para nomes famosos produzindo levedo, lúpulo ou algum ingrediente importante mas não nomeado da cerveja de uma grande companhia. Agora, com os trens cheios de soldados e suprimentos em vez de cerveja, talvez as pessoas que moram longe dos grandes fabricantes possam se voltar de novo para as cervejarias locais e descobrir, como seus pais o fizeram trinta anos atrás, que uma cerveja carregada calmamente por três quilômetros é melhor que uma transportada por 5 mil quilômetros em trens de carga. [Lamento que isso não tenha acontecido. A guerra aparentemente tornou ainda mais fácil e barato beber cerveja de Milwaukee em Sunset Beach.]

A cerveja é uma boa bebida. ("Os abstêmios parecem morrer do mesmo jeito que os outros", escreveu A. P. Herbert certa vez, entre as sessões da Câmara dos Comuns. "Então, para que acabar com a cerveja?") O vinho é uma boa bebida, se o conseguir, e agora mais do que nunca neste país você pode obtê-lo com a confiança de que será honesto, encorpado e todas as outras coisas que até os degustadores relutantes dizem a respeito de um vinho decente.

É mais difícil obter bebidas destiladas como gim e uísque, em especial se você está pensando em economizar, mas ainda podem ser encontradas (c. 1942). [Tanto quanto me lembro, o pior efeito da Segunda Guerra Mundial foi uma inundação de gim argentino. Apreciadores sensíveis de martínis e gins ainda sentem calafrios... Eles aderiram à tequila e à vodca, mas apenas em desespero e, felizmente, por apenas algumas semanas.] Se você não tem fundos para comprá-los (e admite isso, o que é raro), pode tentar encontrar um farmacêutico honesto mas inescrupuloso e comprar 1 litro de álcool de boa qualidade. Então, armado com esta receita, que provém de Tíflis, no que era outrora conhecido por Geórgia (Europa), via uma Junior Leaguer de Ohio, você pode fazer um drinque poderosíssimo, que o tratará com honestidade e ao mesmo tempo o agradará.

UMA VODCA

[Esta ainda é uma boa receita, e digna de estudo e experimentação individual. Meu tio Walter, o mais rematado bebedor matinal que conheci, diz que é excelente com suco de tomate.]

- 1 litro de água
- 1 colher (chá) de glicerina ou açúcar
- casca de 1 limão raspada
- casca de ½ laranja raspada
- 1 litro de álcool

Ferva muito suavemente os primeiros 4 ingredientes por cerca de vinte minutos. Retire do fogo. Adicione o álcool e tampe hermeticamente de imediato. Deixe esfriar e coe.

Para fazer um licor bastante aceitável, adicione mais cascas raladas de fruta e 1 colher de mel.

Um certo sr. Furnas, que escreve com mais sabedoria e menos pompa do que a maioria dos homens sobre outros homens, pão e destino em um livro chamado *Man, Bread and Destiny*, discute com alguma profundidade as várias receitas de poções do amor ao longo da história. Menciona todas as conhecidas, como cantárida e costeletas de porco com pimenta, e muitos outros encantamentos menos usuais. Por fim, ele decide, quase com um suspiro de alívio, que o melhor excitante do mundo é provavelmente música suave com uma quantidade moderada de álcool! [Ainda recentemente ouvi um amante moderno declarar sua visão da felicidade pura, inconsciente de sua paródia de Omar Khayyam: "Um copo de gim, um bom charuto e *você*, Babe".]

Diante de tanta sensatez, é difícil não dizer, como o governador da Carolina do Sul disse ao governador da Carolina do Norte, que há um longo intervalo entre os drinques, especialmente quando há música suave, seu amor e boa bebida. Então, você pode erguer um brinde ao lobo com impunidade e uma coragem que é verdadeira, não importa quão alcoólica, e saber que, mesmo que se arrependa amanhã, você foi hoje um homem sem remorsos amorosos ou orçamentários. [Acredito, agora com mais convicção ainda, que o importante em relação a beber é que seja feito por *prazer*. Então, e somente então, o medo triste do alcoolismo nunca emerge do lodaçal para nos assombrar, nem nossas condutas e digestões podem ser criticadas.]

Como não ser uma minhoca

> *Com forma extremamente aerodinâmica para seu desempenho funcional, a minhoca come cegamente seu caminho, peneirando e esburacando o solo até uma profundidade de três metros ou mais enquanto engole.*
>
> J. J. Conde, *Anatomia sob os pés*

[Todo este capítulo tem o humor fosforescente desmaiado da decadência. Está tão fora de moda quanto um tratado sobre como cuidar de ferimentos de azagaia, agora que sabemos que até minhocas não são invioladas.]

Outras guerras fizeram os homens viver como ratos, ou lobos, ou piolhos, mas até esta atual, exceto talvez no ensaio realizado na Espanha, jamais vivemos como minhocas.

Agora curvamos nossas cabeças, com a intensidade surpresa de qualquer criatura perplexa, para viver tão graciosamente quanto possível sem muitas das coisas que sempre aceitamos como algo a que tínhamos direito: luz, ar puro, alimentos frescos preparados conforme nossos gostos. Isso pode ser feito, evidentemente, uma vez que somos humanos, bem como ratos, lobos, piolhos e minhocas.

Você talvez tenha ouvido falar de uma mulher na Inglaterra que se retirou para seu pequeno e caprichado abrigo antiaéreo no jardim quando a primeira sirene tocou, e emergiu, como de um sonho, cerca de duas semanas depois. Estava bem confortável, disse ela aos seus vizinhos preocupados, mas esperava que os ataques não viessem a durar sempre tanto tempo.

Há mais do que uma dose de humor cara de pau britânico nessa história deturpada, como você concordará se alguma vez já ficou, mesmo por alguns minutos, em uma das pequenas e aflitivas caixas-fortes onde deveremos nos abrigar quando as bombas caírem. Por mais que arquitetos e decoradores tentem torná-las habitáveis, são lugares vergonhosos, exíguos, abafados e feios. São um meio para um fim, que é sobreviver, mas têm apenas essa virtude.

Salas escuras em blecautes são outra coisa. Em geral, são lugares que reconhecemos, com cadeiras e quadros familiares. Não são celas ou buracos para se esconder, mas câmaras com suas luzes escondidas para o lado de fora, onde podemos continuar de modo quase normal nossa vida noturna de jantar, ler, ouvir música e jogar cartas ou o jogo de Ser Despreocupado.

Os blecautes acontecem à noite, evidentemente, e o mesmo acontece, em geral, com o jantar. Por esse motivo, recomenda-se, se possível, fazer da cozinha um dos lugares mais adequadamente equipados para operar com normalidade sob as várias restrições de seu bairro e de seu próprio senso comum quando a sirene soar.

Numa casa pequena, você pode transformar esse cômodo em um lugar muito agradável para toda a família... exceto se é infeliz o bastante para ter o que se costumava chamar uma "kitchenette", o que significa que é impossivelmente pequena, mesmo para sua função original. Nesse caso, deve tentar deixar apagadas as luzes dela e da sala ao lado, nunca esquecendo que há outras funções tão necessárias, embora não tão prazerosas, quanto comer e que um banheiro de fácil acesso é mais importante que qualquer fogão.

Desde que este país entrou na guerra, muito se fez a fim de nos preparar para as emergências (uma palavra polida para bombardeios, invasões e muitas outras coisas feias). Muito do que se fez foi bom e inteligente, e é fácil demais e talvez muito errado criticar algumas das medidas piores e menos inteligentes. No entanto, é difícil não estranhar como algumas das mulheres sensatas, que estão planejando coisas tais como rações de emergência, podem ser tão pouco práticas, em especial quando a maioria delas é formada em economia doméstica e dietética.

Há muitas listas em preparo por várias organizações, planejando minuciosamente rações de emergência de 24 horas para escolas, hospitais, e assim por diante. Aqui está uma amostra [Refiro-me a ela mais à frente como "nauseante", mas nenhuma palavra é forte o suficiente para sugerir meu desprezo por ela, tanto estética quanto bioquimicamente. É um exemplo chocante de pânico gastronômico; se fosse implementado, logo nos reduziria a criaturas desnutridas e espiritualmente fracas, após os danos da explosão dos átomos.], que é feita, está claro, de alimentos que podem ser guardados indefinidamente e que foram calculados, até a última bolachinha, para quinhentas pessoas:

CAFÉ DA MANHÃ
Suco de tomate
Manteiga de amendoim
Bolachas de água e sal ou torrada dietética
Leite achocolatado quente

JANTAR
Espaguete com purê de tomate
Carne-seca
Ervilhas e cenouras
Bolachas de água e sal
Barras de chocolate de um centavo

CEIA OU LANCHE
Sopa de tomate com leite em pó
Bolachas de água e sal
Salada de frutas
Bolachas integrais

Essas três refeições, a serem preparadas para uma tal quantidade de gente, cuja maioria seria supostamente de crianças, seriam aquecidas em "churrasqueira ou equipamento de acampar improvisado", diz o folheto!

Além do fato óbvio de que poucas pessoas comem três refeições quentes por dia, mesmo em tempo de paz ("Alimentos quentes não são os únicos 'alimentos que aquecem'... Abandone o hábito de fazer uma refeição quente todos os dias", insiste o Ministério dos Alimentos britânico em um de seus boletins periódicos), é loucura pensar no número de pratos, copos e utensílios que teriam de ser lavados para servir esses banquetes não práticos e nauseantes.

Terão as diligentes senhoras do Conselho de Pais e Mestres esquecido que a água pode ser um problema tanto quanto o combustível, se as coisas estão complicadas a tal ponto que quinhentas pessoas se encontram escondidas juntas no porão de uma escola? A velha economia dos pratos e copos de papel não existe mais, e a ideia de lavar pelo menos 2500 recipientes diferentes para que fiquem num estado passavelmente estéril é desconfortável.

Há outros problemas além do principal de servir essa tentativa patética de "dieta equilibrada" para quinhentas pessoas mal reunidas e desnorteadas. As dietistas devem começar, sempre na esperança de que nunca será necessário, a pedir emprestado conhecimento das mulheres inglesas que, depois de incontáveis noites desta guerra, desenvolveram gradualmente suas próprias regras.

Entretanto, você sente, como quase todo mundo o faz sem sequer se dar conta, que preferia estar em casa se os aviões inimigos estiverem fazendo reconhecimento aéreo em algum lugar. Desde que isso possa ser feito sem muito perigo, é exatamente lá que você deveria estar, e afora o inescusável aborrecimento de seus motivos para estar lá, pode ser bastante divertido passar as noites em sua casa escurecida.

Há algo congenitamente desejável numa sala isolada por completo dos olhos de outros seres humanos. [Continuo a concordar com algo que Colette escreveu sobre a satisfação primitiva de um lugar escuro para comer. Trata-se de um belo tema para começar uma conversa... quem resiste a discursar sobre *suas* ideias da perfeita sala de jantar, seja a pessoa dispéptica, ascética, ou simplesmente faminta?] Leva-a a sentir-se protegida, do jeito que um gatinho provavelmente se sente quando se esconde na manga de um casaco, ou uma criança debaixo dos cobertores. Infelizmente, tal como a manga de casaco ou os cobertores, ela pode ser muito abafada, como os ingleses descobriram. Designers inteligentes estão pensando e escrevendo sobre isso, e revistas como a *Architectural Forum* de janeiro de 1942 são de grande ajuda.

Havendo uma cozinha moderadamente bem ventilada, que seja grande o suficiente em si mesma ou esteja perto de outra peça escurecida, você pode viver nela com gente de quem gosta e achar a vida decente de fato.

Os ingleses descobriram que a eletricidade dura mais que o gás num bombardeio; assim, a maioria dos abrigos privados bem equipados tem fornos elétricos, ou pelo menos torradeiras e chapas elétricas. Agora seria um bom momento para tirar do armário o velho réchaud, se é que já não o fez. (A próxima coisa é esperar que você possa comprar álcool para ele, mas suficiente até agora é a desgraça dessa escassez em particular.) [Compostos comuns para polir servem, não obstante os cheiros esquisitos e as incrustações feias que deixam no cobre.]

Apesar de sua recusa otimista em acreditar que algo possa acontecer ao *seu* cano de gás ou às *suas* linhas de eletricidade, é uma medida sábia, se você sabe que vai ter blecaute à noite, cozinhar o máximo de comida que puder durante o dia. Fazer coisas que possam ser requentadas ou servidas frias.

Outro bom motivo para cozinhar enquanto há luz é que poucas cozinhas são ventiladas como deveriam ser nos melhores momentos, de tal modo que à noite, com as janelas fechadas e várias pessoas no recinto, o ar não deveria estar superaquecido, nem ficar cheio de vapores e de cheiro de comida. Isso é especialmente verdade se você está reduzida a cozinhar em chama aberta ou com querosene: o ar depressa se torna ruim.

Pelo mesmo motivo, é melhor cozinhar coisas que não tenham cheiro forte demais. Repolho, por exemplo, não é recomendável. Rins, exceto se preparados de antemão, são problemáticos. (Contudo, é fácil fazê-los num réchaud, com ou sem cheiro.)

Nos velhos tempos, antes que palavras como *Stuka* e *Blitz* entrassem no bate-papo até de crianças, todos os guias práticos de cozinha diziam para você manter uma bem sortida prateleira de emergência em sua cozinha ou despensa. *Emergência* é outra palavra que mudou sua forma interna: quando Marion Harland e Fanny Farmer a empregavam, queriam referir-se a convidados inesperados. Você pode usá-la também nesse sentido, de um modo irônico, mas com esperanças de que sejam do tipo que jamais virá.

Atualmente, é uma questão delicada decidir onde termina o bom senso e começa o excesso. Preparar um pequeno estoque de coisas em caixas e latas para o blecaute, em relação direta com o tamanho de sua família, é bem diferente de comprar grandes quantidades de camarões em vidros, bolachinhas de canapé e patês de carne, ou mesmo quantidades injustificadas de alimentos mais sensatos.

A melhor maneira de encher a sua prateleira é provavelmente comprar duas latas de legumes e assim por diante quando você precisa de apenas uma, se o seu racionamento local permitir. Faça uma lista do que você gostaria de ter e acumule gradualmente, se tem fundos para tanto.

Mesmo que não tenha recursos, tente separar ao menos uma ração de algumas latas de suco de tomate, uma caixa de açúcar em cubos (a fim de comê-los para ganhar calor e energia), um pouco de chá, uma caixa selada de bolachas de trigo integral, um pouco de carne enlatada.

Ao comprar enlatados, lembre-se que muitos dos alimentos preparados são salgados em extremo. Não é prático dar a sua família esse tipo de comida nos blecautes, especialmente se o toalete é longe ou inexiste e a água de beber está limitada.

Uma coisa útil para ter em sua despensa é um suprimento de biscoitos com gengibre e de biscoitos de baunilha. [Por mais que eu odeie admitir isso, donas de casa inglesas me convenceram de que pudins empacotados são uma dádiva para esse tipo de arte culinária: contêm açúcar suficiente para armazenar energia e mesmo os feitos com água são palatáveis, ao menos para crianças famintas e inquietas e para velhos rústicos.] Esses biscoitos inócuos (ou odiosos, se você se sente como eu em relação a eles) são úteis para transformar frutas enlatadas em um prato um pouco mais nutritivo e muito mais atraente, se puder colocá-los juntos e assá-los por alguns minutos, com as frutas em cima. Um pouco de manteiga e açúcar mascavo e até umas gotas de xerez serão de grande ajuda.

Bolachas de baunilha talvez provoquem lágrimas de aflição em alguns gourmets de respeito, mas molho de carne enlatado decerto os fará soluçar. E contudo... que eu possa ser perdoada por admiti-lo... posso mesmo?... molho de carne enlatado é uma coisa "natural" se você tem alguém na família que se sente fraco e abatido se não sente o cheiro de carne, nem que seja sintética, uma vez por dia. Você pode fazer um prato astucioso com alguns cogumelos, um pouco de sobras de arroz e um borrifo de vinho, se tiver à mão uma daquelas assustadoras e eficientes latas de "molho de *carne* marrom enriquecido". É espúrio talvez. É uma chicana. Mas é econômico e psicologicamente útil, em especial se você mora a cinco quilômetros de um mercado e as sirenes tocarem justo quando estiver enchendo os pneus da bicicleta.

Outra coisa útil de origem duvidosa para a sua prateleira de blecaute é um suprimento moderado de queijos em vidro. Os danados são falsos e admitem isso no rótulo: romano *simulado*, *tipo* cheddar, e assim por diante. São pretensiosamente orgulhosos de serem pasteurizados. Mas penso que desempenham uma função especial ao fazer as pessoas ficarem com fome. [Deploro o estúpido uso exagerado de glutamato monossódico, mas em vários "sais aromatizantes", chamados de qualquer coisa entre Tang-oh e Mete-dee-lite, ele consegue emprestar uma vantagem valiosa embora fugaz a pratos basicamente insossos.]

O queijo sempre foi um alimento que tanto pessoas sofisticadas quanto simples seres humanos adoram. E mesmo que alguns médicos não julguem muito prudente comê-lo, em tempos de perigo e medo silencioso é um anestésico e pode fazer seus convidados e você mesmo sentirem-se levemente estimulados por seu sabor inconfundível e mais do que um pouco tranquilos por saber que ele ainda existe. Ponha um pedacinho em bolachas, ou em torradas, se seu forno ainda estiver funcionando. Experimente-o num operário cansado, ou num vizinho nervoso, com um copo de leite, se possível, ou uma xícara de chá, e observe o desdobramento das gavinhas espirituais que estavam enroladas em um emaranhado sem propósito. [O almoço dos carroceiros e agricultores no mercado na Suíça francesa é um dos melhores do mundo: um naco de pão, um pedaço de queijo montanhês levemente granulado, um copo de vinho branco fraco... vi milagres de restabelecimento com isso.]

Se você está acostumada a beber, e pode fazê-lo, é bom ter uísque ou um bom vinho duradouro em seu armário. Um copo na mão faz com que o céu agourento pareça estar muito acima de você.

Se por acaso quiser ficar na rua, beneficie-se da experiência de muitos londrinos e leve um pequeno cantil, pois os bares acolhedores são poucos, ficam longe uns dos outros e nenhum deles está muito disposto a abrir as portas, mesmo para velhos amigos, quando há notícia de aviões não identificados nas proximidades.

(Lembra daquele bar em Berna, durante o negócio de Munique, na noite anterior ao que todos achávamos que seria o Dia da Mobilização? Houve um blecaute total, e você atravessou um longo corredor cercado de cortinas de verniz e sentou-se então com uma porção de gente silenciosa na sala escura, enquanto os pássaros tropicais adejavam e gritavam silenciosamente atrás das paredes de vidro, que eram na verdade gaiolas que o aprisionavam em outra e ainda outra gaiola. Todo mundo tinha um ar de expectativa. Teria sido melhor ficar longe, provavelmente.)

É prático para blecautes, bem como para o "bom senso na cozinha" em geral, cozinhar mais do que você precisa para uma refeição. Há muitas receitas simples, que podem ser transformadas numa refeição completa se você tiver um pouco de arroz cozido, restos de ervilhas, ou uma tigela de carne cozida fria, ou espaguete, ou quase qualquer outra coisa que possa pensar (exceto talvez ostras fritas!).

Se você e seu lar se encontram num estado de emergência ativa, sobreviverão provavelmente sem calor, luz ou qualquer coisa, com o que puderem raspar das prateleiras. Não é um assunto em que você goste de se alongar, mas é uma possibilidade. Se isso acontecer, nenhum livro do mundo poderá ajudá-la, mas apenas seu senso inato de cautela, equilíbrio e proteção: o mesmo que sentem às vezes os gatos, os passarinhos ou os elefantes. Tudo se resolve no sentimento de que você vai sobreviver se estiver decidida a sobreviver e cada célula de seu corpo acreditar nisso.

Se você não se acha em estado de emergência, mas apenas vivendo como muita gente vem vivendo há muitos meses, não se perturbando com sirenes e encarando os cartões de racionamento com um esgar cauteloso, será capaz de fazer refeições ótimas para as pessoas que moram com você. Enquanto houver gás e eletricidade, seu forno funcionará e sua cozinha será cálida e apetitosa. Use sempre o máximo de coisas frescas que puder e depois confie na sorte, na prateleira de reserva para blecaute e no que você decidiu, dentro de você mesma, sobre a dignidade do homem.

Como praticar a verdadeira economia

> *A mera parcimônia não é economia... A despesa, e despesa grande, pode ser uma parte essencial da verdadeira economia.*
>
> Edmund Burke,
> *Cartas a um nobre senhor*, 1796

Acredita-se que há algo intrinsecamente satisfatório em escrever o último capítulo de um livro, mesmo que tenha sido escrito antes do fim. Deveria haver algo duplamente satisfatório em escrever sobre luxos meio esquecidos e pratos meio lembrados, delicados e impossíveis no final de um livro de receitas decididamente práticas para lograr o lobo e mantê-lo a uma distância apropriada, ou bem esquartejado dentro de um caldeirão. Deveria ser como acordar de um sonho com seu ser amado e descobrir perfume em seus lábios.

Essas delícias impossíveis são necessárias, de vez em quando, para sua alma, e para seu corpo também. Você só pode aguentar a economia por um certo tempo. ("Um certo tempo" é uma daquelas expressões ambíguas. Significa "contanto que você não fique doente ao ver sua carteira".)

Quando você pensa que não suporta mais o lobo farejando sob a porta e uivando suavemente em noites frias, jogue a discrição no saco de roupa suja, ponha velas na mesa e, para seu próprio bem, se não para o prazer de uma plateia admirada, faça uma ou outra das receitas deste capítulo. E compre uma garrafa de vinho, ou faça alguns coquetéis, ou tenha uma discussão longa e franca sobre queijos com o homem da esquina, que é um alienígena mas ainda leal embora desnorteado.

Está claro que é impossível encontrar, atualmente, muitas das coisas que entram nas receitas seguintes. Isso coloca de imediato todo o capítulo na mesma categoria de Samarcanda, Xanadu e o *terrasse* do Café de la Paix. Tudo bem: durante algum tempo, há outras coisas além de anchovas que devem estar longe da realidade.

Sente-se em sua cadeira, então. Suprima alguns anos de sua mente perturbada. Deixe o armário de seus pensamentos encher-se com uma centena de fantasmas que há muito tempo, em 1939, costumava ser fácil comprar e esquecer. [Essa terapia, inconsciente ou deliberada, é conhecida de qualquer prisioneiro de guerra ou infortúnio, e alguns dos livros de culinária mais deleitáveis foram escritos — pelo menos em conversa e, um ou outro, na realidade — em campos de concentração e prisões.] Permita que seu disciplinado eu interior relaxe e pense em caviar, creme de leite e franguinhas gordas trotando por um bosque de carvalhos cheio de trufas, "almiscaradas, ardentes, apetitosas, misteriosas". Feche seus olhos às manchetes e seus ouvidos às sirenes e ameaças de altos explosivos, e leia as medidas cativantes e nostálgicas destas receitas, impossíveis mas apaixonantes.

PATÊ DE CAMARÃO

- 2 kg de camarões frescos descascados e cozidos ou 6 latas de camarões secos
- 1 cebola picada bem fino
- ½ xícara de manteiga derretida
- 3 colheres de sumo de limão
- ½ xícara de maionese
- sal, pimenta, mostarda seca, outros temperos que quiser

[Agora uso 1 xícara inteira de manteiga derretida, e mais se a pasta parecer seca.]

Esmague bem os camarões numa tigela com um espremedor de batatas e adicione a cebola enquanto faz isso. Quando não conseguir amassar mais, acrescente a manteiga derretida, misturando bem. Adicione o sumo de limão e a maionese, e continue a esmagar. Ficará uma pasta sólida. Tempere bastante: se planeja usar dentro de dois dias, use ervas frescas a gosto, mas se vai guardar por mais tempo na geladeira, use condimentos em pó.

Ponha a mistura numa fôrma e pressione bem. Deixe na geladeira pelo menos doze horas. Quando estiver pronta para servir, desenforme e corte em fatias finas com uma faca afiada e quente. [Eu costumava comer camarões em pote de colher, num pequeno restaurante pretensioso de Londres. Eram descascados, inteiros e minúsculos, mantidos firmemente juntos num pequeno pote cheio de manteiga aromática. Eu deveria pensar que os camarões gigantes de San Francisco seriam quase tão bons para esse acessório franco dos prazeres da mesa... mas os camarões precisam realmente ser pequeninos, não maiores que uma abelha, não mais grossos que o talo de uma violeta.]

Ou deixe-o na fôrma apresentável, de preferência oblonga, e sirva fatia por fatia como os maîtres-d'hôtel costumavam fazer em lugares pequenos como o Roy Gourmet, grandes lugares pequenos como o Lipp, e enormes lugares pequenos como o Ritz ou o Cassino de Evian, no verão. Há ainda alguns poucos restaurantes no mundo que podem pensar em *pâtés de maison*, e uma das melhores de suas pastas inebriantes, quase fosforescentes, é feita essencialmente de acordo com esta receita — talvez com um almofariz de Bristol em vez de uma tigela simples e um espremedor de batatas, e um bom borrifo de conhaque antigo para amarrar tudo, pouco antes de colocar na fôrma.

Essa pasta pode ser conservada durante semanas ou meses, ou talvez até anos, se contiver temperos e álcool suficientes, for selada de maneira correta na fôrma com gordura coagulada e for mantida em temperatura razoavelmente fria. Concedidos esses benefícios primários, pode ser apresentada quando você quiser, como uma tia solteira maluca ou uma primeira edição (em russo, naturalmente) de *Crime e castigo*.

Ovos com anchovas. Ai de mim, para não dizer coisa pior! A receita vem de uma americana que, por vários motivos sociológicos e estéticos, morou na Suíça antes desta guerra. Embora fosse quase uma estranha para mim, eu admirava sua casa e muitas das refeições que servia ali, bem acima do lago, com os parreirais chegando perto, tanto quanto sua discrição suíça permitia, do terraço, da cozinha e das janelas largas. Ela era eu... e sua receita era boa.

OVOS COM ANCHOVAS

- 8 ovos grandes e frescos
- 2 latas ou 1 xícara de filé de anchovas
- 3 xícaras de creme integral e grosso

- 1 xícara de cogumelos cozidos (podem ser de lata) em pedaços
- 2 colheres de salsa picada
- ½ xícara de queijo parmesão ralado
- pimenta moída na hora

Amasse os filés de anchovas no fundo de uma fôrma rasa (separe o óleo para um molho de salada). Misture o creme e ponha a fôrma no forno quente.

Mexa duas ou três vezes depois que começar a borbulhar, virando a crosta dourada. Adicione os cogumelos e a salsa.

Quando estiver reduzido cerca de ⅓, desligue o forno. Retire a fôrma e quebre os ovos nela com cuidado. Salpique o queijo em cima e depois a pimenta. Ponha então de volta à parte mais baixa do forno, e quando o calor delicado tornar os ovos firmes mas não duros, geralmente após quinze minutos, retire e sirva.

Essa receita rende o suficiente para 3 ou 4 pessoas e fica melhor com torradas finas e uma salada de miolo de alface romana virada levemente em óleo de nozes temperado e sumo de limão. Um Dazaley recente [Pronuncia-se Dézaley. E, evidentemente, o padrão alcoólico de outro banquete não seria tão suíço quanto estabeleci em 1942. A cada um sua nostalgia! Nos anos 1950... começaria desta forma: um gim holandês oleoso com o salmão defumado...?] à temperatura da adega deveria ser servido generosamente com esse prato e, com o café, forte, copioso e de preferência em taças, você com certeza serviria um *marc du Valais*, um tanto amarelo e bem capaz de sacudir de leve seus convidados em seus assentos.

O primeiro gole seria polido. O segundo seria obstinado. O resto seria bela e robusta felicidade, em especial depois da delicadeza branda da ceia. Os fogos de artifício de verão começariam do outro lado do lago de Evian e o menino do padeiro que trabalhava à noite em Vevey viria zunindo pela estrada em sua bicicleta, gritando como um fantasma hilariante ao fazer as curvas junto ao precipício. A grapa traria um calor dentro de você que poderia muito bem durar vários anos gelados.

Boeuf Moreno, tal como Ovos com Anchovas, ou qualquer outra receita boa, não precisa de introdução nostálgica, exceto a que você sempre terá na cabeça depois de comê-la pela primeira vez. Trata-se, como tantos outros clássicos [... bem como na perfeição imortal das Leis de Moisés], de uma combinação nefanda do ponto de vista dietético que vale a pena experimentar.

BOEUF MORENO

- 4 colheres de manteiga
- 2 colheres de farinha de trigo
- ¼ de xícara de caldo de carne
- 4 colheres de tempero verde
- ½ xícara de cogumelos ou azeitonas descaroçadas
- 2 colheres de pimentão picado
- ½ kg de resto de carne frita ou assada, com 5 cm de espessura, cortada em tiras estreitas
- ½ xícara de creme de leite azedo [aumentei agora para 1 xícara]
- 3 colheres de conhaque ou uísque
- arroz quente ou torradas

Faça um roux com 2 colheres de manteiga, a farinha e o caldo. Adicione o tempero verde e deixe cozinhar em banho-maria por vinte minutos. Tempere.

Aqueça o pimentão e os cogumelos nas outras 2 colheres de manteiga, no fundo de uma caçarola rasa. Adicione as tiras de carne e esquente bem.

Adicione o creme devagar ao roux e acrescente, mexendo, o conhaque. Derrame sobre a carne na caçarola. Sirva imediatamente, com arroz soltinho ou torradas finas com manteiga.

Uma caçarola que sempre me faz pensar em Dia dos Namorados, por nenhum motivo especial, é feita com frango e creme, e é uma bela maneira de perguntar: "Você será meu amor?".

POULET À LA MODE DE BEAUNE

- 1 frango macio de cerca de 1,3 kg cortado em pedaços
- ½ limão
- mistura de manteiga e azeite de oliva [ou gordura de galinha de um banquete anterior... e o que sobra fica muito bom, uma vez gelado, para comer em pão ou torrada]
- sal, pimenta moída na hora e um pouco de noz-moscada
- ½ litro de creme
- 1 dúzia de cogumelos grandes
- 3 colheres de manteiga
- ½ xícara de bom conhaque ou grapa

Esfregue os pedaços de frango com o limão cortado. Seque, tempere e frite até dourar bem na mistura de manteiga e azeite.

Ponha os pedaços numa caçarola e cubra com o creme aquecido. Deixe cozinhar em forno moderado até ficar macio.

Ponha manteiga em cada cabeça de cogumelo, que foram lavados rapidamente sem tirar a pele, e cubra o conteúdo da caçarola com eles. Cozinhe até ficar no ponto, por cerca de cinco minutos. Então mexa rapidamente os cogumelos e o conhaque na caçarola e sirva de imediato.

Trata-se de um prato encorpado e inebriante, como você pode ver. Precisa de um vinho branco muito gelado e um tanto pesado, como um Haut Sauternes. Champanhe também ficará bem bom!

Uma sobremesa refrescante e delicada que, apesar disso, não tenha gosto muito sensível, é mesmo uma raridade. Sorvetes depois de coisas pesadas são bons, como os cozinheiros italianos que os trouxeram pela primeira vez para os franceses bem sabiam, mas podem parecer muito ralos. Acontece o mesmo com as frutas, quase naturais demais e chocantes depois dos sabores altamente pervertidos de obras-primas como o Boeuf Moreno. Mas, uma vez que pudim ou suflê seriam impensáveis, por que não servir fatias grossas de abacaxi fresco mergulhado por várias horas em *kirschwasser* alsaciano, encimado por um sorbet feito com sumo de limão-doce?

Comi isto uma vez na sala de jantar ricamente abafada de uma bela mulher e bebi champanhe seco para acompanhar, e mesmo que não tivesse havido caviar numa tigela grande muito antes e pequenas orquídeas como mariposas voando de uma concha encrespada cor-de-rosa sobre a mesa, teria sido uma das coisas perfeitas de minha vida gastronômica.

A receita seguinte é muito antiga, em termos daqui. Foi feita com frequência em Williamsburg, antes que houvesse qualquer necessidade de restauração, e indiscutivelmente agradou muito Pai de Nosso País, tanto grande como pequeno.

SOBREMESA COLONIAL

- 2 xícaras de creme espesso
- 4 gemas de ovo
- 1 xícara de açúcar mascavo

Ferva o creme por um minuto. Ponha sobre as gemas bem batidas. Aqueça em banho-maria por oito minutos, batendo constantemente. Ponha num prato raso do qual será servido e gele durante a noite.

Duas horas antes de servir, cubra com uma camada de cerca de 1,5 cm de açúcar mascavo e sirva com biscoitos crocantes finos, como *langues de chat*.

Uma salada feita de frutas, assim você poderia chamar o próximo prato excêntrico. Paul Reboux, aquele gourmet extravagante, desenvolveu-o em sua inimitável *cuisine au cerveau* e o chamou, nos dias em que essas coisas eram levemente menos impossíveis do que agora,

FRUITS AUX SEPT LIQUEURS

Ponha numa tigela grande o seguinte: fatias de laranja, tangerinas e bananas; cerejas descaroçadas; morangos silvestres e uvas sem casca; fatias de pêssegos descascados, ameixas e peras maduras. Borrife-as com açúcar e um pouco de sumo de limão-doce.

Derrame sobre as frutas o seguinte líquido, que foi feito de 1 copo de vinho cheio de cada um dos seguintes e não outros licores, todos bem misturados: conhaque, kirsch, Cointreau, Benedictine, marasquino e um toque de kümmel.

Mexa levemente e ponha sobre gelo durante duas horas. Pouco antes de servir, derrame metade de uma garrafa de champanhe demi-sec sobre a salada.

Sim, é loucura sentar-se saboreando essas impossibilidades, enquanto as manchetes berram que o lobo espreita pelo buraco da fechadura. Porém, não lhe pode causar dano gozar de vez em quando de uma pequena folga da realidade. E se por acaso você conseguir encontrar algumas anchovas, ou uma fatia grossa de carne malpassada e um pouco de conhaque, ou uma tigela de camarões-rosas, você é duplamente abençoado por possuir nesta vida perturbada a capacidade e os meios de esquecê-la por algum tempo.

Conclusão

[Este livro chegou à sua própria conclusão há vários anos, e ao relê-lo cheguei a algumas outras. Mas o livro e eu concordamos, numa afirmação feita muitíssimo antes de 1942, que, uma vez que precisamos comer para viver, é melhor fazê-lo com graça e gosto.

Aqueles poucos dentre nós que vivem de fato para comer são menos repulsivos que entediantes, e até agora, honestamente, só conheço duas dessas almas perdidas, criaturas imensas e desfiguradas que são exibidas como qualquer outra curiosidade monstruosa por seus conhecidos bem alimentados mas equilibrados.

Por outro lado, não consigo contar o número de pessoas boas que conheço que, a meu ver, estariam ainda melhor se curvassem seus espíritos para estudar suas próprias fomes. Há muitos de nós, de outro modo devidamente centrados, que sentem impaciência diante das exigências de nossos corpos e que tentam durante toda a nossa vida, sem muito sucesso, ensurdecer-nos para as vozes de nossas variadas fomes. Alguns enfiam a cera do conforto religioso em nossos ouvidos. Outros praticam um desinteresse espartano e um tanto pretensioso pelos prazeres da carne, ou pretendem que se não *admitimos* nosso prazer sensual numa nectarina madura não somos culpados... nem mesmo daquela minúscula luxúria!

Acredito que uma das maneiras mais dignas de afirmar e reafirmar nossa dignidade diante da pobreza e dos medos e dores da guerra é alimentar-nos com toda a habilidade, delicadeza e cada vez maior prazer possível. E com nosso crescimento gastronômico virá inevitavelmente o conhecimento e a percepção de uma centena de outras coisas, mas sobretudo de nós mesmos. Então o Destino, sempre emaranhado em guerras frias e quentes, não poderá nos fazer mal.]

Índice de receitas

Antisséptico Bucal, 178
Arroz Chinês, 159
Arroz e Especiarias, 201
Atum (ou Salmão) ao Forno com Molho de Cogumelos, 71

Bife Tártaro, 116
Boeuf Moreno, 244
Bolo de Guerra, 193
Bolo de Sopa de Tomate, 194

Camarões Havaianos, 70
Carne Assada com Ameixas Secas, 129
Chowder, 49
Coelho na Caçarola, 148
Consomê Chinês, 46
Coquetel Meio a Meio, 223
Curry de Camarões e Ovos, 71
Curry Inglês, Um, 139

Delícia de Tâmaras, 199

Faisão Normandia, 151
Fatia de Presunto ao Forno, 126
Foo Yeung Básico, 83
Fôrma Fria da Tia Gwen (!), 132
Fritada de Abobrinha, 81
Fruits aux Sept Liqueurs, 247

Gaspacho, 53

Infusão de Raiz da Orquídea Ladies' Slipper, 191

Kasha, 145

Lebre no Pote, 149
Leite com Canela, 196

Maçãs Assadas, 195
Minestrone Básico, Um, 57
Miolos de Vitela, 134
Mock Duck (Bife Rolê de Fraldinha), 128

Molho de Carne para Polenta, 167
Molho de Vinho, Um, 198
Molho Forte, Um, 198
Molho Napolitano para Espaguete, 163

Omelete Francesa Básica, 78
Omelete-Suflê Básica, 80
Ovos com Anchovas, 242
Ovos Mexidos, 87
Ovos no Inferno, 84
Ovos Obstáculos, 85

Panqueca de Salmão (ou Atum), 69
Pão Branco, 100
Pão de Balde Rápido de Addie, 104
Pão de Colher do Sul, 164
Pão de Especiarias de Edith, 197
Pão de Torresmo, 122
Pão Quente, 103
Para Curar Cernelhas Machucadas, 181
Para Encher Alfineteiras, 182
Para Fazer Sabão, 179
Patê de Camarão, 241
Perdiz ou Faisão com Chucrute, 150

Petits Pois à la Française, 170
Picadinho Turco, 140
Polenta, 166
Pombo Assado, 146
Poulet à la Mode de Beaune, 245
Presunto Assado com Creme, 127
Pudim de Batata-Doce, 200

Rins ao Xerez, 136
Riz à l'Impératrice, 202

Sabão de Imitação, 179
Sobremesa Colonial, 247
Sopa de Cebola Parisiense, 48
Sopa Else, 60
Sopa Fria de Leitelho, 55
Sopa Horta Verde, 59
Sopa Rápida de Batata, 157
Sopa Creme de Batata, 51

Tête de Veau, 132
Torta de Linguiça (ou Torta de Sardinha), 137

Vodca, Uma, 226

ESTA OBRA FOI COMPOSTA POR MARI TABOADA EM MINION PRO
E IMPRESSA PELA LIS GRÁFICA EM OFSETE SOBRE PAPEL PÓLEN NATURAL
DA SUZANO S.A. PARA A EDITORA SCHWARCZ EM JULHO DE 2023

A marca FSC® é a garantia de que a madeira utilizada na fabricação do papel deste livro provém de florestas que foram gerenciadas de maneira ambientalmente correta, socialmente justa e economicamente viável, além de outras fontes de origem controlada.